日本人初の米国プロ野球選手

三神吾朗

岡野　進　著

創文企画

まえがき

筆者は二〇二〇（令和二）年、近代ベースボールの誕生・伝来から明治野球の発展について書いた『日本野球の源流』（右文書院）を上梓した。その後、野球の歴史について次の題材を探していたところ、『山梨県史』「第七章　明治期の社会と文化」の「三神兄弟の活躍」（四九一頁）が眼に留まった。

それには「明治末期から大正期にかけて、野球では三神吾朗（一八八九—一九五八。中巨摩郡大鎌田村〈現甲府市〉大里）が活躍した。彼は甲府中学校、早稲田大学を経てアメリカに留学中、アメリカプロ球団でプレーし、日本人初のプロ野球選手となった。彼は日米野球比較論を『山梨日日新聞』に掲載している（明治四十四・八・二十五—九・二）。」と書かれていた。

ここで初めて、三神吾朗という日本人初の米国プロ野球選手の存在を知り、非常に興味を覚えたとともに、三神吾朗が執筆したとされる「日米野球比較論」が、どんな内容なのかを知りたいと思った。

そこで早速、山梨県立図書館に、三神が執筆した「日米野球比較論」について問い合わせたところ、『米国野球界の印象』というのが正しい表題だった。そしてこの記事は、三神が明治四十四（一九一一）年、早稲田大学（早大）野球部のメンバーとして、アメリカ遠征したときのことを書いたものだと分かった。

この後、三神吾朗がアメリカのプロ球団に所属していた事実を、佐山和夫著『ジャップ・ミカドの謎』文藝春秋（一九九六）によって、改めて知ることになった。

こうした経過をたどるうちに、筆者は三神吾朗の人物や野球歴について、もっと深く知りたくなった。そこで、先に述べた三神の「前掲新聞記事」や佐山和夫著『前掲書』をはじめ、できる限りの関連著書・資料にあたることによって調べ、ようやくこの度、本書を著すことができた。

なお、三神執筆の「記事」は、明治四十四（一九一一）年に行った早大野球部のアメリカ遠征時の移動や試合の状況、また当時のアメリカのベースボール（大学野球や大リーグ）や社会の実態を知る上から貴重なものだった。

また、今回は本文中に一部を引用するのみとなったが、三神の「記事」が掲載されたのとほぼ同じ時期、早大野球部ＯＢの飛田忠順《ちゅうじゅん》（後に初代早大野球部監督）が、『甲府のコーチ（一―九）』を山梨日日新聞（三面）に執筆していた。この「記事」は、飛田が甲府中学野球部の夏練習を指導したときのことを書いたもので、当時の山梨・甲府の様子や甲府中学野球部の状況、さらには同校野球部員だった三神兄弟のことを知る上から、やはり貴重なものだった。

まえがき

本書は、第一章から第四章まで、全四章で構成した。

第一章では、三神吾朗の野球歴の背景となるアメリカの近代ベースボールの始まりと、明治・大正期の野球の発展の概要を述べた。

第二章では、三神吾朗の出生と家族について、また三神の甲府中学校と早稲田大学における野球部での活躍と、その後アメリカに留学してからの野球選手としての活躍について述べた。そのなかで、三神がプロ球団のオール・ネイションズに所属していたという事実が明らかになった経緯について述べた。

第三章では、三神吾朗が早稲田大学時代、明治四十四年八月二十五日から九月二日にかけて山梨日日新聞（三面）に執筆した『米国野球界の印象（一―八）』の全文を現代文にして紹介した。

第四章では、早大野球部のアメリカ遠征の経路と日程（期日）を推定するとともに、第三章で紹介した三神執筆の『米国野球界の印象（一―八）』について、著者の解説・論考を述べた。

本書をお読みくださる皆さんには、三神吾朗という日本人初の米国プロ野球選手がいたこと、また三神がどんな経緯（野球歴）で米国プロ野球団に所属することになったのかを知っていただきたいと思う。また併せて、明治末から大正期における日・米のベースボール・野球の実態を知っていただければと思う。

そして、本書をお読みくださった皆さんが、野球というわが国を代表するスポーツの歴史の深さや面白さに興味・関心を持っていただけたなら、著者として誠に幸甚である。

〈註〉本文中の〈引用文〉と第三章『米国野球界の印象』については、筆者が原文の意味を変えないように留意して現代文にした。

日本人初の米国プロ野球選手　三神吾朗

〈目次〉

第一章
近代ベースボールの始まりと明治・大正期の野球の発展概要

一　近代ベースボールの誕生と初期の発展

近代ベースボールの誕生は、古くからイギリスで行われていたクリケットやラウンダースが、移民団によってアメリカ大陸に持ち込まれ、キャットボールやタウンボールといった子どもや大人の遊び（ボール・ゲーム）として親しまれるなか、ニッカー・ボッカーズのA・カートライトが「二十条の規約」からなるルールブックを完成させた一八四五年九月二十三日が、定説とされている。

当初の試合は「二十一点先取制」で、ピッチャーはアンダーからバッターが打ちやすいボールを投げ、打球をワンバウンド・キャッチすればアウトだった。用具はバットとボールのみで、素手でプレーした。

ベースボールは一八五七年から「九イニング制」となり、南北戦争（一八六一―一八六五）中、兵士たちは戦場でも盛んに試合を行った。戦後（一八六五年）、除隊した兵士たちが建設の進む鉄道に乗って、またたく間にアメリカ全土に広めた。一八八〇年代には国民的娯楽と認識されるまでになり、一八八四（明治十七）年には、ピッチャーのサイド・ハンドスローやオーバー・ハンドスローが認められ、三振やフォアボール（四球）のルールも加えられた。

こののちプロ化が進行し、ナショナル・リーグとアメリカン・リーグが設立され、一九〇三（明治三十六）年にはメジャー二リーグ制（各八チーム）が成立し、両リーグとも大人気を集め、興行的成功を収めることになった。内田隆三『ベースボールの夢』（一六九頁）によると、両リーグの観客動員数は、年々増え、一九一一年のナ・リーグは三百二十三万二千人、ア・リーグは三百三十四万人となり、ワールド・シリーズは十八万人が観戦したということである。

二　日本伝来から明治・大正期の野球の発展

明治四（一八七一）年、お雇い外国人英語教師として来日したH・ウィルソンが、翌年、第一大学第一番中学校で、後の東京開成学校（東京大学の前身）の生徒に、授業の傍ら持参したバットとボールでベースボールを教えた。そして、明治九（一八七六）年には、開成学校対外国人チームや外国人同士の試合が行われた。

明治十一（一八七八）年、アメリカから帰国した鉄道技師の平岡凞《ひろし》が、日本最初の野球倶楽部（クラブ）となる新橋アスレチック倶楽部を新橋鉄道局に創設した。また、明治十六年には東京大学予備門（後の第一高等中学校―第一高等学校＝一高、現・東京大学）にベースボール会が組織された。特筆すべきは、俳人・歌人の正岡子規が、ベースボール会のメンバーとしてプレーしたということである。

明治二十三・二十四（一八九〇・一八九一）年には、投手の横手投げや上手投げの採用や五球（後に四球）出塁制、打球は直接捕球でアウトといった新ルールに変わった。この頃、実力を上げていた一高は、明治二十二年から十五年間、黄金期を築いた。明治二十九（一八九六）年、一高は初の国際試合（日米戦）に三連勝して世間を驚かせたが、明治三十七（一九〇四）年、早稲田大学と慶応義塾大学に連敗して、王座を早慶に譲ることになった（早慶時代の到来）。

明治三十八（一九〇五）年四―六月、前年度無敗の早大野球部は、初のアメリカ遠征を行い、バントやスクイズ、ワインドアップ投法やスライディングの新技術、練習法の改善やウォーム・アップの方法、さらにはスパイクシューズの使用といったアメリカの近代野球方式を学んだ。この成果（が広がること）によって、日本の野球は大きく進歩していくことになった。

ところで、明治三十六(一九〇三)年に始まった早慶戦は、通算九戦目に当たる明治三十九(一九〇六)年の第三戦、両大学応援団の過熱による危険性から中止となり、以降十九年間再開されなかった。この間、両大学は海外に好敵手を求め、アメリカ、ハワイやマニラへの遠征、またアメリカの大学チームなどを招聘や招待して技能向上を図った。なお、この頃までには、同志社対三高（現京都大学）戦や一高対三高、五高（現熊本大学）対七高（現鹿児島大学）戦といった大学対校戦が始められたし、明治三十年代には、全国の中学校（現高校）に野球部や野球倶楽部が創られ、各地で試合が行われるようになっていった。

大正四（一九一五）年には､朝日新聞社主催の全国中等学校優勝野球選手権大会が豊中市で始まり、大正十四（一九二五）年には、東京六大学野球リーグ戦が始まった。

大正九（一九二〇）年秋には、日本初のプロチームとなる合資会社日本運動協会が、早大野球部ＯＢの河野安通志、押川清、橋戸信たちが中心となって設立されたが、プロ野球は賤業と見なされ、ゲーム中には「商売、商売」と野次られる始末で、プロ野球は日の目を見なかった。わが国のプロ野球の本格的な始まりは、今のセントラル・リーグとパシフィック・リーグが結成された昭和二十四（一九四九）年からであり、翌年三月十日にセ・リーグが、十一日にパ・リーグが開幕した。

第二章

三神吾朗の家族・経歴・野球歴

一　出生・家族

三神吾朗（一八八九―一九五八）は、明治二十二年十一月六日、山梨県中巨摩郡大鎌田村（現・甲府市大里町）に生まれる。父は有長、母はとよ、十一人姉妹・兄弟の五男。三神家は元豪族で大地主であり、父親は甲府電灯会社（後の東京電力が吸収合併）創業者だった。

三神家は、武田氏の流れを汲むものとされ、有長の子どもたちは上の四人が女性（長女―四女）、下の七人が男性（長男―七男）だった。この十一人の姉妹・兄弟は、誰一人欠けることなく成人しているが、当時、乳幼児死亡率が非常に高かったことからすると、誠に稀有なことだった。

二　兄弟（長男―七男）

長男の敬長は慶応幼稚舎から慶応大学に進み、その後、ミシガン大学で博士号を取得した。卒業後は三井物産に勤め、シンガポールやマニラの支店長を務めた。この間、在留邦人や旅行者のために世話を焼いた。大正二（一九一三）年、マニラで開催された第一回極東選手権大会〈当時は第一回東洋オリンピック大会〉では、出場した明治大学野球部の選手と陸上競技二選手（田舎片善次、井上輝二）

の世話をしたし、その後もテニスや陸上競技の選手たちの世話をした。ちなみに、敬長のテニスの腕前は相当なものだったようである。

二男の漑《ひろし》は陸軍士官学校を出て山形の連隊に入り、日露戦争（一九〇四年二月八日—一九〇五年九月五日）に従軍し、二〇三高地の激戦で武勲を上げた。

三男の竹三郎は東京帝国大学（現・東京大学）を出て教育者となり、鳥取県立女子師範学校と愛媛県立女子師範学校の校長を務めた。

四男の八四郎(一八八七—一九一九)は中学校から大学まで早稲田で学んだ。明治四十二(一九〇九)年早大商学部を卒業後、シカゴ大学に留学して硬式テニスを学んだ。大正六（一九一七）年、藤田組に入り大阪に住んだ。日本に硬式テニスを紹介したことで知られている。

八四郎は大正五(一九一六)年、熊谷一弥〈註1〉と渡米してプレーしている。そして大正六(一九一七)年五月、東京芝浦で開催された第三回極東選手権大会では、熊谷一弥と組んだダブルスで優勝しており、アメリカの世界的プレーヤーとも互角に戦う実力者だった。大正八（一九一九）年、フィリピンに渡り麻栽培園の計画を進めていたときの十二月七日、山中で落馬し、ダバオの病院で死亡した。独身だった彼は、遺産の全額を母校早稲田大学に寄付し、それが三神記念コート創設の資金となった。

五男は吾朗、六男は修《おさむ》、七男は七男《ななお》であり、この三人は同じ甲府中学野球部の選手だった。吾朗は、本書の人物であるが、甲府中学校卒業後、早稲田大学に進み野球部で活躍した。早大卒業後の大正二（一九一三）年、アメリカのノックスカレッジに入学し野球選手としてプレーした。大正四年には、野球部キャプテンを務めた。

大正三・四年の夏季休暇中、有色人種を含めて編成された独立巡業プロ野球チームのオール・ネイションズに所属してプレーしたと言われている。大正五（一九一六）年、イリノイ大学大学院に進学して経済学を専攻、卒業後は三井物産ニューヨーク支店に就職した。

六男の修《しゅう》は体格も良く、中学校時代はなかなかの豪傑（暴れん坊）だったようだ。野球部ではライトを守った。卒業後は北海道大学に入学。卒業後はペンシルベニア大学に留学した後、さらにドイツに留学。そこでドイツ婦人と結婚する。その後、再度アメリカに戻った後に帰国して中外商業新聞社に務めるが、退職して明治大学に奉職（講師）し、後に教授・名誉教授となった。

七男の七男は、甲府中学校卒業後、早稲田大学に進み野球部に入る。野球部ではプレーせずマネージャーとなる。早大卒業後は寺田家の養子となり、地元銀行の発起人となったり、岡島百貨店会長を務めた。また政治にも関わり、山梨県議会議長を務めた。

ところで、明治四十四（一九一一）年、早大出の飛田忠順《とびたちゅうじゅん》（一八八六―一九六五）〈註2〉は、甲府中学野球部の夏季練習を指導するため甲府に出向いている。そのときのことを書いた『甲府のコーチ（一）』（山梨日日新聞・一九一二年八月七日付）に、三神兄弟について次の通り書いている。

〈三神君の兄弟は、皆運動家である。私が知っているのは、八四郎君以下であるが、七男君に至るまでの三人は、甲中野球部の選手で、八四郎君は天下の庭球家として前衛の神と謡《うた》われた銘（名）人である。次の五郎〈正しくは吾朗〉君は私の球友で、恐ろしく熱心な運動家の典型とも言うべき人で、昨年は布哇（ハワイ）に、今年は北米に遠征を試みられた程の豪《ごう》の者（強く優れている）である。修《しゅう》君には昨年の春ちょっと羽田で会ったが、話をするまでにはいかず、今度初めて会うようなもので、野球のお手並みも初めて拝見した。とにかく体格が一番発達していて、運動家としては理想に近い人である。捕球も投球も確実な間違いないやり方で、私は大いに敬服した。それに沈黙な悠揚たる態度が、接していて実に愉快である。修君には毎日毎晩のようにお世話になったのだから、面白いこともあるが内輪にしておこう。

七男君はお乳をたくさん飲んで甘えたせいか、兄さんたちのように、体格が発達していないのが惜しい。しかしまだまだ未完成、これから仕上げるという順であるから、これくらいにしておこう。〉

このように、男兄弟はほとんどが名門大学に進み、しかもアメリカ留学までしている。また、勉学だけでなくスポーツ（テニスや野球）にも秀でている（文武両道）。

こうした向学心や探求心は、三神一族に共通したものと思われる。例えば、吾朗の姪（三神家三女の娘で吾朗より十二歳下）の三神美和（一九〇四―二〇一〇）は、昭和四十（一九六五）年から東京女子医科大学病院（内科医）に勤め、教授職のかたわら「日本初の大学病院女性院長」になっている。（山梨県立大学・やまなし地域女性史プロジェクト編『伝えたい山梨の女性たち』一七七―一八〇頁）

またその弟の勲は、早稲田中学校から青山学院に進み、卒業後はオハイオ大学に留学。卒業後は青山学院、明治学院、専修大学で英文学を教えており、シェイクスピアの翻訳本を出している。

以降、三神吾朗の中学校時代、早稲田大学時代、ノックスカレッジ、オール・ネイションズ時代の野球歴について述べていくことにしたい。

三　甲府中学校時代（一九〇二―一九〇七）

〈甲府中学野球部〉

三神吾朗は、明治三十五（一九〇二）年、甲府中学校（旧・山梨県第一中学校、現・甲府第一高等学校）〈註3〉に入学して野球部に入る。

甲府中学校の野球は、明治二十四・二十五年ごろから始められている。（鶴城野球倶楽部編『甲府中学・甲府一高野球部史』七頁）この点、『山梨県史』「スポーツのはじまり」には「明治二十五年、甲府尋常高等小学校秋季大運動会で、ベースボールを自由遊戯の一種目として実施した（『山梨教育会雑誌』一四号）。明治三十年、山梨県尋常中学校（現甲府第一高等学校）交友会第一回運動会で、野球の紅白試合（校内試合のはじめ）が行われた。」（四九〇頁）と書かれている。

この頃の野球は、まだ「プレーヤーは素面・素手で捕手がたまにミットを用いたほか殆ど無防備で、よほどの蛮勇がないと捕手はつとまらぬ。いまのようにピッチングも発達せずあまり強いたまは投げなかったが、それでも捕手はたいてい負傷し、ひと試合すれば手の甲ははれ上がり、熊の手のようになった…と血みどろ野球の模様を伝えている。」（『前掲野球部史』七頁）

甲府中学野球部は「明治三十年代に創立したが、当時においてはお城の坂のようなグラウンドでグローブもなく堅いボールを素手で受けてはバットで打つといった単純なものであった。しかしながら明治四十年頃より規則《ルール》も色々と改正され野球熱も高まり段々部員も増し練習に練習を積み、県下有数のチームとなり山梨師範あるいは日川中学と覇を競い、長野県にも遠征し諏訪中学とも戦い交えた。」（甲府中学校・同窓会交友会編『創立五十周年記念誌』四十九頁）〈註4〉

三神吾朗が所属していたときの野球部には風間武三郎、丸茂義明〈註5〉らの好選手がいた。明治四十（一九〇七）年、三神らが五級生のとき、早稲田大学から山脇正治捕手と小川平吉中堅手をコーチに招き、当時の新式野球を教えてもらった。明治三十八(一九〇五)年早大野球部は、初のアメリカ遠征を行い、バントやスライディング、ワインドアップ投法といった新しい科学的野球を学んで帰国していた。

三神ら部員たちは、猛練習によってこの新式野球を習得し意気揚々たるものがあった。(写真1)

こうして同年秋、甲府中学野球部は、長野県に遠征して諏訪中学と対戦した。しかし、

写真１　甲府中学野球部で活躍した三神吾朗（明治 41 年）
―中列左端が三神吾朗、真中の背広姿が萩原芳正部長で一人おいて丸茂義明

信州の野球に比べると、甲府中学野球部の実力はまだそれ程でもなかったようで、腕試しに遠征したものの「接戦の末惜敗し、一同丸坊主になって帰宅した」（『前掲野球部史』七頁）そうである。三神は当時、投手をしていたが、彼は体格も大柄ではなく力も絶大ではなかったので、注目されるような投手ではなかった。

三神吾朗は明治四十一（一九〇八）年、甲府中学校を卒業して早稲田大学に進学する。三神は強豪の早大野球部で、もっと野球をやりたいと思っていた。

三神たちが卒業してからの甲府中学野球部は、指導者不在のなか、練習も不十分だったことから、明治四十四（一九一一）年の夏季練習に、早大野球部旧主将の飛田忠順を招き、「その頃甲府第一のグラウンドだった相生小学校の校庭」においてコーチを受けた。この飛田の「猛烈かつ規律ある練習によって」野球部は、新しい野球の本質を収得して大いに実力を上げげた。（『創立五十周年記念誌』四十九頁）

〈甲府中学校の運動場〉

野球部の指導を終えた飛田忠順は、その年の八月十日付・山梨日日新聞に、甲府に来て一番残念に思ったこととして、甲府中学校の運動場の酷さを指摘している。

飛田は、運動場の「広さは我慢するとして、その傾斜の甚《はなは》だしいこと、雑草が一面に生茂る様は、気のきいた野原と数等であろう。私はかつてこのような運動場を見たことがない。（略）このことは、甲府の野外運動が振るわない最大の原因であり、甲府市（主に）有志の皆さんの脳裏に、運動という観念が欠けている証拠であると思われる。」（『甲府のコーチ（三）』）と書いている。このように、甲府中学校の運動場は、講習会用にはとても使える状態でなかったために、当時は市内の相生小学校のグラウンドを使用していた。〈註6〉

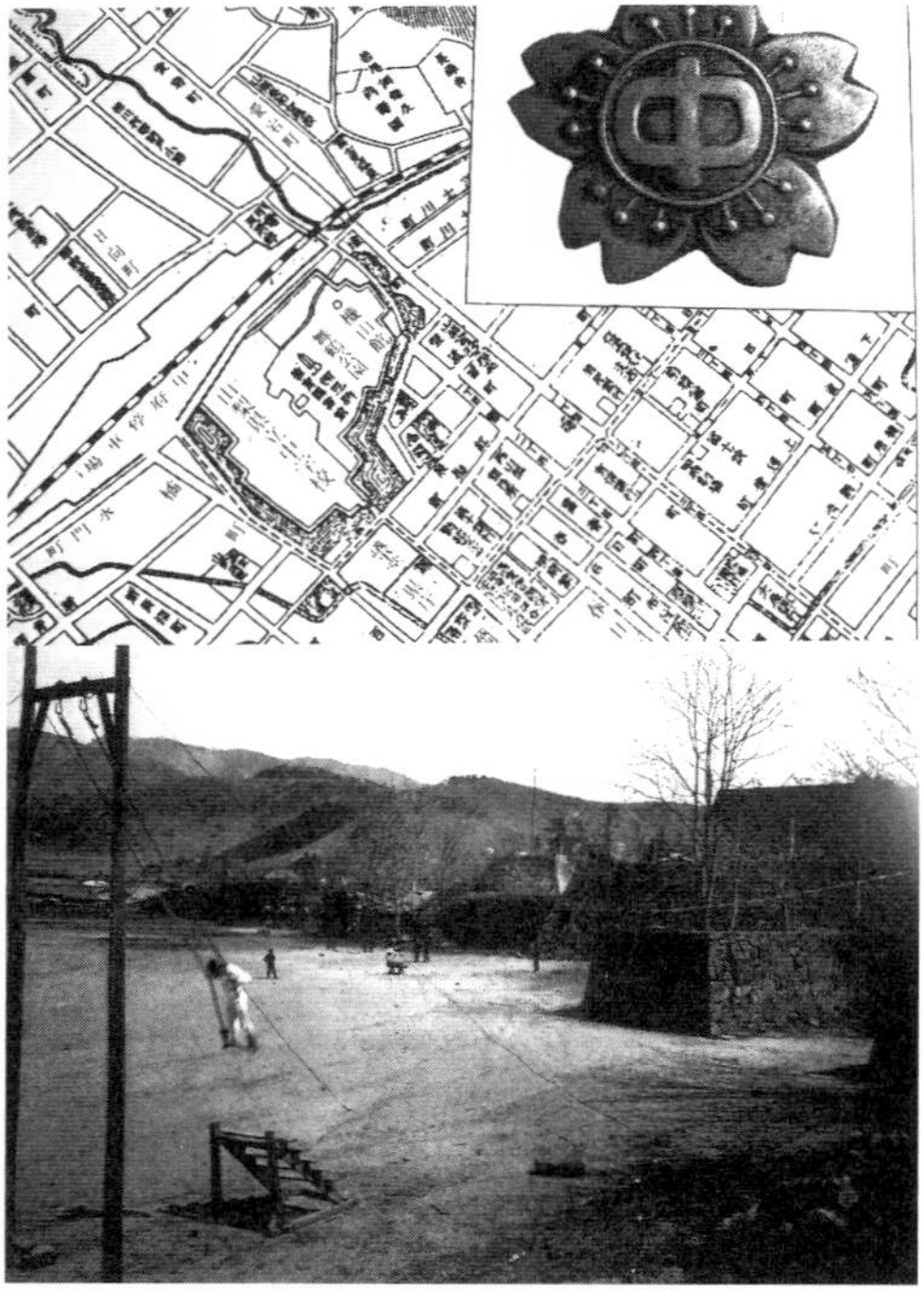

写真2　明治40年ごろの甲府中学校の場所（地図）とグラウンド

ところで最近、筆者が甲府一高を訪ねた際、甲府一高同窓会編『写真集　百年のあゆみ』を見せてもらった。その中に、明治四十年ごろの甲府中学校の場所（地図）と運動場の貴重

写真３　明治40年ごろの甲府中学校の校舎と正門（現・山梨県庁南門）

な写真があった（写真２）。この運動場が、飛田忠順の言う「気のきいた野原と数等」と驚いた運動場である。また写真３は、その頃の甲府中学校の校門と校舎である。

〈甲府中学校卒業生の進路〉

三神吾朗が明治四十一（一九〇八）年、甲府中学校を卒業していることを示す「名簿」が、『創立五十周年記念誌』（三四八頁）に載っている。（写真４）

また、甲府一高同窓会編『百年誌』（一九九二）には、卒業生の進路についての記載がある。

表１—１は、三神吾朗が甲府中学校を卒業した明治四十一（一九〇八）年から二年後と四年後の進路先を示したものである。明治四十三年の進路先で最も多かったのは、官公私立専門学校在学の

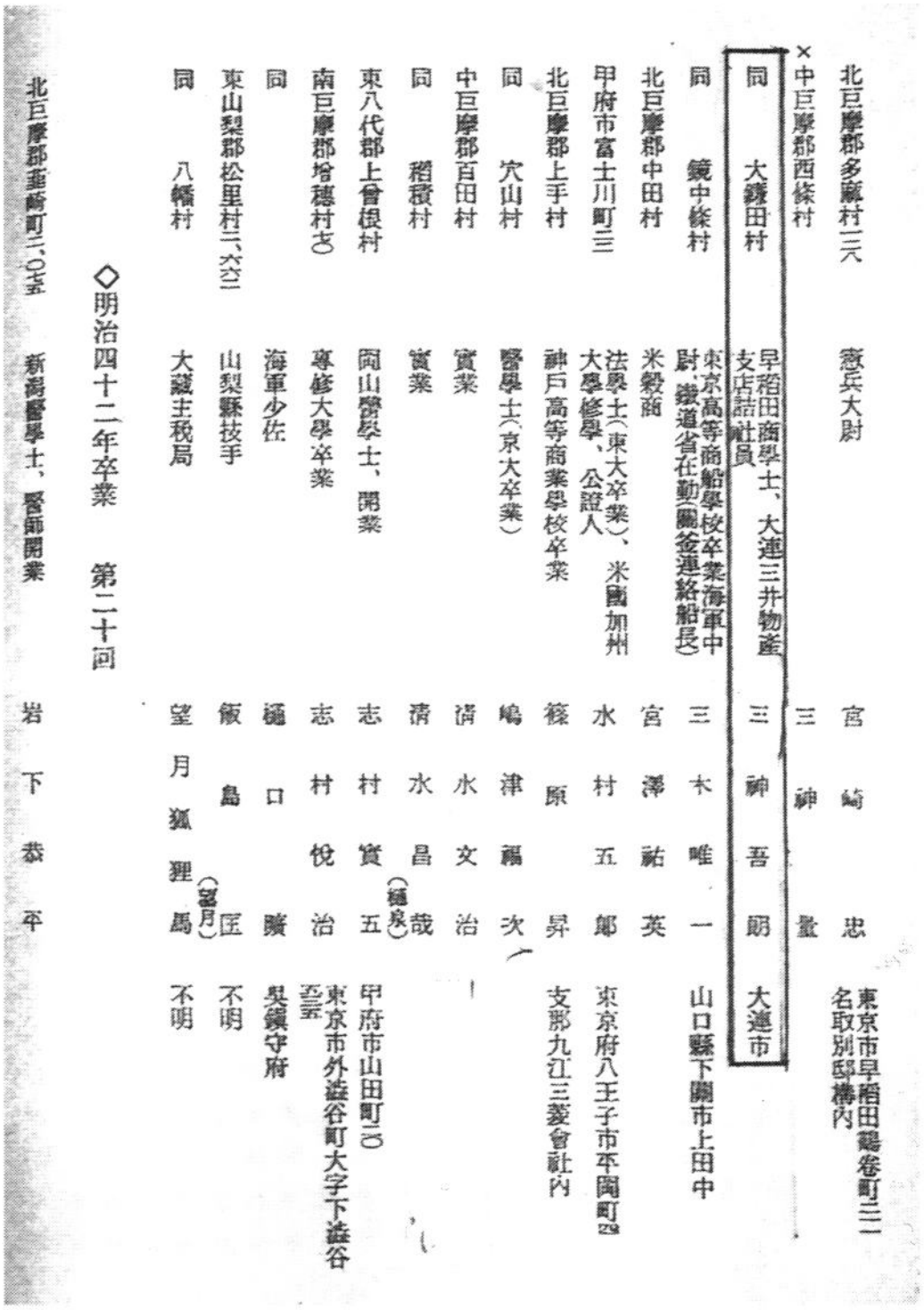

北巨摩郡多麻村一三六	憲兵大尉	宮崎忠	東京市早稲田鶴巻町三一名取別邸構内
×中巨摩郡西條村		三神量	
同　大鎌田村	早稲田商學士、大連三井物産支店詰社員	三神吾朗	大連市
同　鏡中條村	東京高等商船學校卒業海軍中尉、鐵道省在勤(關釜連絡船長)	三木唯一	山口縣下關市上田中
北巨摩郡中田村	米穀商	宮澤祐英	
甲府市富士川町三	法學士(東大卒業)、米國加州大學修學、公證人	水村五郎	東京府八王子市平岡町四
北巨摩郡上手村	神戸高等商業學校卒業	篠原昇	支那九江三菱會社内
同　穴山村	醫學士(京大卒業)	嶋津福次	
中巨摩郡百田村	實業	清水文治	
同　稲積村	實業	清水昌哉(樋泉)	
東八代郡上曾根村	岡山醫學士、開業	志村實五	甲府市山田町一〇
南巨摩郡増穂村七〇	専修大學卒業	志村悦治	東京市外澁谷町大字下澁谷五三五
同	海軍少佐	樋口贇	吳鎭守府
東山梨郡松里村二、六〇二	山梨縣技手	飯島匡(望月)	不明
同　八幡村	大藏主税局	望月狐狸馬	不明

◇明治四十二年卒業　第二十回

北巨摩郡韮崎町二、〇三五	新潟醫學士、醫師開業	岩下恭平	

写真4　明治41年、甲府中学校を卒業した三神吾朗
―『創立50周年記念誌』（1930）掲載の卒業生名簿

二十七名であり、次いで高等学校在学の十名だった。

次に表1―2は、表1―1の「高等学校」と「官公私立専門学校」の進路先名と人数を示したものである。この中から、三神吾朗と同じ明治四十一年卒業生（判明分）を取り出してみると、高等学校は「一高一名、四高二名、七高一名、八高三名」〈註7〉であり、専門学校は「千葉医専一名、東京高商一名、東北農科大学予科二名、東亜同文書院一名、大阪高工一名、早稲田大学一名」（『百年誌』二〇〇頁）だった。早稲田大学一名とあるのは三神吾朗である。

ここで、当時の学校制度について説明しておくと、大正七（一九一八）年までの大学は「東京帝国大学（東大）」のみで、早稲田や慶応、明治などは大学と称していても、実質的には第一高等学校（一

表 1-1　甲府中学校における卒業生の進路
―明治 41 年卒業生のその後の進路―　（人数）

進路	明 43 年	明 45 年
帝国大学在学	0	7
陸海軍将校等	0	3
陸海軍学校	6	3
官公私立専門学校在学	27	22
高等学校在学	10	4
官衙学校等に奉職	6	11
実業に従事する者	5	11
就職未定又は不詳	17	10
死亡	0	3
その他（在米）	2	0
計	73	73

甲府一高同窓会編『百年誌』200 頁によるものを、筆者が算用数字に改めて作表した。

表 1-2　明治 43 年における高等学校 10 名、
官公私立専門学校 27 名の進路先　（人数）

高等学校

一高　1（1）　四高　2（2）　五高　1
七高　3（1）　八高　3 (2)

専門学校

千葉医専　2（1）
明治大学　7
東京商高　3（1）
東北農科大学予科　2（2）
師範学校第二部　3
外国語学校　1
工業教員養成所　1
慶應義塾大学　1
東亜同文書院　1（1）
慈恵院医学　1
名古屋高工　1
大阪高工　1（1）
商船学校　2
早稲田大学　1（1）

＊（　）内は、明治 41 年入学者（現役合格者）数

高）や第二高等学校（二高）と同じ水準の「専門学校」の部類だった。早稲田や慶応が、東京帝大と同水準の「大学」に昇格したのは、大正九（一九二〇）年のことである。

四　早稲田大学時代（一九〇八—一九一二）

〈早稲田大学の創設と野球部創部〉

早稲田大学の前身は、明治十五（一八八二）年十月に創立した「東京専門学校」であり、創始者は大隈重信（一八三八—一九二二）である。明治三十四（一九〇一）年、翌年に早稲田大学と改称する準備として東京専門学校を高等予科として創設し、新入生を募集したところ、中学校で野球をしていた選手が数名集まったのが、野球部らしきものの始まりだった。この年、早大野球部は学習院と初試合を行い、十一対十で勝利した（十一月十日）。

ところで、この野球部らしきものを世話していたのが安部磯雄（一八六五—一九四九）〈註8〉と、マネージャー役の弓館小鰐だったが、安部は明治三十五（一九〇二）年八月、正式に野球部を創設して部長に就任した。ここから早大野球部の本格的な活動が始まったわけだが、早大野球部のその後の活躍概要については、先の第一章二で述べた通りである。

写真5　早稲田大学野球部時代の三神吾朗（明治41—45年）

〈早大野球部入部〉

三神吾朗は明治四十一（一九〇八）年、早大野球部に入部する。（写真5）『早稲田大学野球部百年史上巻』には「明治四十一年春より、大井斉は水戸中より、野々村納は盛岡中より、三神五郎〈正しくは吾朗〉は甲府中学より、山口武は麻布中より、深堀政信は神奈川第一中学より入学した。」（一〇六頁）と書かれている。

三神は早大でも、最初は投手を目指していたが、なかなかレギュラーになれず、もっぱら打撃投手（バッティング・ピッチャー）だった。当時の早大の投手陣は充実していて、とても三神がそこに入り込む余地はなかった。ただ、三神の投球はコントロールが良かったので、打撃投手として打って付けだった。

入部してから約二年、三神は黙々と打撃投手を務めたが「これではあまりにも気の毒だから、彼に外野を練習させたら」と進言する者があって、外野の位置に据えたところ、彼の鮮やかな守備ぶりに、選手一同は舌を巻いて驚いた。このときから、彼の外野手転向の道が開かれたのである。

〈ハワイ遠征〉

明治三十九（一九〇六）年十一月以降、早慶戦が中断していたとき、明治四十三（一九一〇）年五月七日、三神は学習院との対校戦に出場している。この学習院戦では、早大の大村、野々村の正投手が怪我のため投げられず、三神が急きょ登板することになった。この試合では三神のコントロールが冴え、学習院をヒット三本に抑え、三振五個を奪う好投を見せて、八対二で勝利した。

そして、五月二十二日に行われた二回戦では、三神は投手ではなく、ライトの守備についている。これを契機に、三神は早大野球部の外野手でのレギュラーを目指すことになった。

明治四十三年六月二十二日、早大野球部はハワイ遠征に出発するが、三神は左翼手（レフト）としてメンバーに加えられた。（写真6）この遠征では、早大は二十五試合を行い、十二勝十二敗一分けの成績を収め、八月二十二日、ホノルル出帆の東洋汽船・天洋丸にて帰国の途についている。

このハワイ遠征における三神吾朗の活躍については、その全容は明らかでないが、彼の最大の武器は足の速さだった。三神は、七月九日のハワイでの第三戦、アメリカ海兵隊との試合では四球で出塁した後、連続して盗塁を決めて得点を上げている。また、七月十六日のホノルル随一のチームであるプナホ野球団との試合では、八番・左翼手（レフト）で出場したが、延長十七回の末〇対一で敗れ

写真6　早大野球部のハワイ遠征（明治43年）メンバー
―二列目左端が三神吾朗、同列右から二人目が飛田忠順（穂洲）

た。七月二十四日のポルトガル・チームとの試合では、三神は五回に四球で出塁し、後続打者のヒットで好走、一挙に本塁を突いて貴重な一点を上げている。早大はこの一点を守り切って一対〇で勝った。七月三十日のプナホ野球団との第二戦では、早大は一対五で敗れたが、この一点は三神のヒットによるものだった。

三神は、このハワイ遠征での活躍によって、外野手（主にレフト）の正ポジションを得ることになり、これ以降ますます野球に傾注していくことになった。

このハワイ遠征について、『前掲早大野球部史』は「ホノルル滞在中は、スクールストリートの東倶楽部に宿泊、試合はアスレティックパークに於いて開かれた。この遠征におけるハワイ在邦人の歓迎は筆舌に尽し難きものがあり、在留邦人の歓迎会は個人を合わせて、凡そ二日に一度の割合に当り、一ヶ月余の滞在中選手は聊《いささか》も寂寥《じゃくりょう》を感じなかった。ハワイ島に渡っては有名なる火山キラウエアを見物した。」(一一八頁)と書いている。

ハワイから帰国後、早大は招聘したシカゴ大と三試合を行っている。十月四日、その第一戦は早大運動場で行われ、三神は七番レフトで出場した。しかし、試合は二対九で敗れている。早大は第二戦も〇対五、第三戦も四対十五で敗れて三連敗を喫した。

この後、早大野球部は大阪毎日新聞社の招聘によって大阪に出向き、シカゴ大と兵庫県香炉園の新設グラウンドで二回戦を戦って連敗した後、十月三十日に三高と戦い、三高にも一対二で初めて敗れている。三神はこの試合には、五番バッター・レフトで出場しているが、成績は不明である。(服部喜久雄編『一高対三高野球戦史』一〇七—一〇八頁)

三神は「このシカゴ大学が日本に来ることになったときには、すでに僕らは近い将来渡米する事ができるようになっていた。すなわち、シカゴ大学との約束が、お礼として僕らを招待するという条件であったのである。」(『米国野球界の印象(一)』と書いている通り、早大野球部は明治三十八(一九〇五)

年に次いで、明治四十四（一九一一）年には、二回目のアメリカ遠征をすることになる。

〈アメリカ遠征、マニラ遠征〉

早大野球部は、明治四十四（一九一一）年三月から八月にかけて、二回目のアメリカ遠征を行う。一行は野球部副部長の高杉滝蔵教授と選手十四名の計十五名。三神は中堅手として、この遠征メンバーに選ばれた。

一行は三月二十八日、東洋汽船の日本丸に乗船して横浜港を出帆し、四月十四日、サンフランシスコに着いた。

この遠征では「試合数五十三回、西海岸から中西部、東部に転戦し、目的たるシカゴ大学に敗れたけれども、各地在留同胞に意外の満足を与え、予定の試合を無事完了して、八月十七日横浜港に帰着した。旅行中総じては支障なく進行したが、福長の負傷、その他微恙《びよう》（軽い病気）に襲われたものもあって、多数の試合に追われつつ（略）苦戦に陥ったことは否めない。試合五十三回中、三十六敗十七勝、中止一の成績であった。」（『早稲田大学野球部百年史　上巻』一二二―一二三頁）〈註9〉

表2は、『前掲早大野球部史』（一二二―一二三頁）に示された全五十三試合の結果を一覧表にしたものである。表2に示した通り、早大は十七勝三十五敗一分けであり、先に示された結果（右筆者傍

表２　早稲田大学野球部の第２回アメリカ遠征（明治 44・1911 年）
全試合成績（早大 17 勝 35 敗１分け）

月日	勝チーム名	得点	負チーム名
4.17	早大	19 対 0	日人太平洋軍
4.19	スタンフォード大	11 対 2	早大
4.20	サンタクララ大	10 対 1	早大
4.22	早大	4 対 1	カリフォルニア大
4.24	セクレットハート軍	10 対 9	早大
4.26	海軍兵学校	4 対 3	早大
4.27	早大	5 対 5	ミッションハイスクール
4.29	ブルックス軍	3 対 1	早大
5.1	早大	6 対 4	ユタ大
5.3	コロラド大	4 対 3	早大
5.6	シカゴ大	6 対 4	早大
5.9	早大	3 対 2	モンマスカレージ軍
5.10	ノックスカレージ軍	8 対 3	早大
5.13	早大	4 対 2	ノースウエスタン大
5.20	エームスカレージ軍	1 対 0	早大
5.20	早大	3 対 2	エームスカレージ軍
5.23	早大	2 対 0	アイオワ大
5.24	アイオワ大	2 対 0	早大
5.26	ミネアポリス大	3 対 2	早大
5.27	ミネアポリス大	8 対 2	早大
5.29	ウイスコンシン大	8 対 0	早大
5.30	ウイスコンシン大	3 対 2	早大
6.1	イリノイ大	13 対 1	早大
6.3	シカゴ大	9 対 6	早大
6.6	ベロイットカレージ	2 対 1	早大
6.9	早大	3 対 0	インディアナ大
6.10	インディアナ大	3 対 2	早大

月日	勝チーム名	得点	負チーム名
6.12	バーデユー大	5 対 1	早大
6.17	シカゴ大	12 対 11	早大
6.19	オベリンカレージ軍	2 対 0	早大
6.20	テリング軍	5 対 3	早大
6.22	サイモンビーチ軍	16 対 6	早大
6.23	サイモンビーチ軍	3 対 2	早大
6.24	トリニチーカレージ軍	5 対 4	早大
6.29	パウタケットセミプロ軍	11 対 2	早大
7.1	早大	10 対 7	マンハッタンカレージ軍
7.3	メトロポリタン軍	6 対 1	早大
7.4	ヨンガース軍	6 対 2	早大
7.6	ファイヤーマン軍	5 対 0	早大
7.7	メリーランドセミプロ軍	13 対 2	早大
7.8	早大	12 対 8	ペンシベニア大
7.18	ピュテーセミプロ軍	6 対 5	早大
7.19	早大	3 対 2	ミゾラセミプロ軍
7.20	早大	9 対 7	ペーンスセミプロ軍
7.21	ペーンスセミプロ軍	13 対 2	早大
7.22	早大	4 対 2	ペーンスセミプロ軍
7.25	ビクター軍	4 対 0	早大
7.26	早大	11 対 6	オールドバビー軍
7.27	タコマスター軍	4 対 0	早大
7.28	早大	21 対 1	日人コロンビア軍
7.28	早大	10 対 0	シアトル日人連合軍
7.29	ナイトオブコロンブス軍	3 対 2	早大
7.31	早大	4 対 0	メーンハンド

『早稲田大学野球部百年史　上巻』 122-123 頁．によるものを筆者作表

＊表中の破線期間（5 月 6 日－6 月 17 日）はシカゴ市に滞在。

線）と違っていた。〈筆者傍線〉

それは（表2の）四月二十七日、早大はミッションスクールと対戦して五対五で引き分けており、先の結果（傍線部）は、この引き分けを「負け」に数えて三十六敗としたと思われる。なお「中止一」とあるのは、予定では五十四試合を行うことにしていたが、何らかの都合で一試合が行えなかったということであろう。

なお今回のアメリカ遠征の成績について、大和球士『野球五十年』は「十七勝、三五敗の成績」（一三三頁）だったとしており、「一分け、中止一」があったことは書いていない。よって、これらを総合して考えると、今回の早大野球部の成績は「五十三試合、十七勝三十五敗一分け」が正しく、さらに「中止一」があったということになろう。

表2に示された五十三試合の中で、三神がどのような活躍をしたかについては記録もなく不明だが、ただ佐山和夫『前掲書』によると、五月十日の（三神が早大卒業後の留学先となる）ノックスカレッジとの試合では、三神は「一塁を守って、一番打者。攻撃では五打数でヒットはなかった」（一二八頁）と書かれている。このことから推察すると、遠征中の三神は一番打者として、安打や四球、デッドボールで出塁し、得意の俊足を生かして走塁や盗塁を行い、相手チームの守備を乱すようなプレーをしたものと思われる。

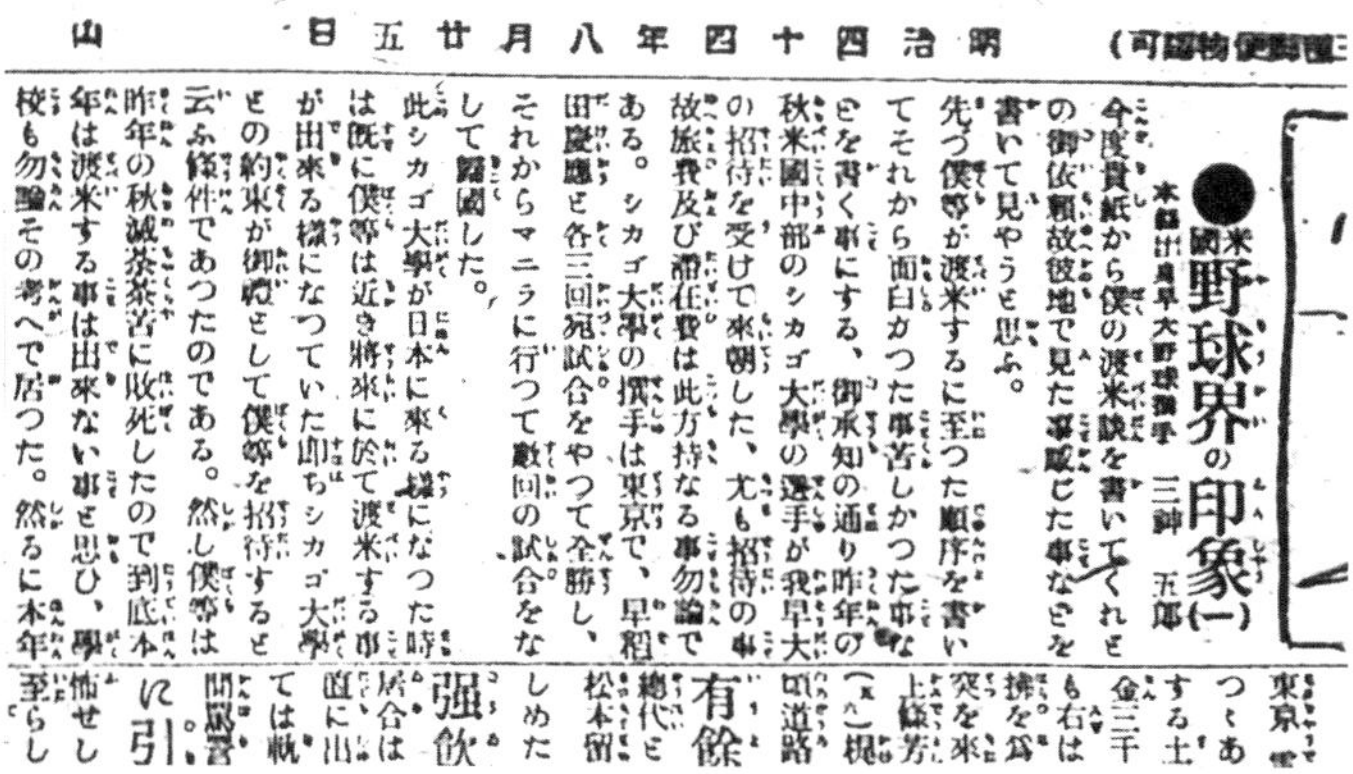
明治四十四年八月廿五日

●米国野球界の印象（一）
本紙出身早大野球選手　三神五郎

今度貴紙から僕の渡米談を書いてくれとの御依頼故彼地で見た事感じた事などを書いて見やうと思ふ。

先づ僕等が渡米するに至つた順序を書いてそれから面白かつた事苦しかつた事などを書く事にする、御承知の通り昨年の秋米國中部のシカゴ大學の選手が我早大の招待を受けて來朝した、尤も招待の事故旅費及び滯在費は此方持なる事勿論である。シカゴ大學の選手は東京で、早稲田慶應と各三回宛試合をやつて全勝し、それからマニラに行つて數回の試合をなして歸國した。

此シカゴ大學が日本に來る樣になつた時は既に僕等は近き將來に於て渡米する事が出來る樣になつていた即ちシカゴ大學との約束が御禮として僕等を招待すると云ふ條件であつたのである。然し僕等は昨年の秋滅茶苦茶に敗死したので到底本年は渡米する事は出來ない事と思ひ、學校も勿論その考へで居つた。然るに本年

写真７　三神吾朗が山梨日日新聞（明治44年8-9月）紙上に『米国野球界の印象（一）—（八）』を執筆

三神は、アメリカ遠征から帰国後の明治四十四（一九一一）年八月、山梨日日新聞紙上に『米国野球界の印象』を執筆する。（写真7）これについては、次の第三章において、その全文（一—八回）を紹介することにしたい。

ところで、三神は同年八月末、早大野球部先輩の飛田忠順が、甲府中学野球部の夏季練習を指導した後の一週間後、母校野球部の指導に出向いている。このことについて、『創立五十周年記念誌』は「当時早大選手だった三神吾朗氏を迎え、益々猛烈なる練習を行いバッティングにフィールディングに見違えるばかりの進境をしめした」（五十頁）と書いている。三神が指導に出向いた時期は、アメリカ遠征から帰国直後のことなので、三神はアメリカで学ん

だ科学的野球の新技術や練習法などを、野球部員たちに伝授したと思われる。

また、三神が甲府中学野球部を指導したことについて、『甲府中学・甲府一高野球部史』は「第二十三回（明治四十五年）卒業生の有泉茂夫の記憶によれば、四年先輩の三神吾朗氏（寺田七男氏の実兄）が早稲田大学在学中で、遊撃手で活躍していたが、母校のため同僚山口捕手を伴い来甲。相生小学校の校庭でコーチをしてくれた由。」（十二頁）と書いている。〈筆者傍線〉

この記述からは、時期（月日）がはっきりしない。ただ、三神が「遊撃手で活躍していた」ということから察すると、三神の守備が外野手から遊撃手（ショート・ストッパー）に転向したのは、明治四十五（一九一二）年のことなので、先の八月末ではなく、それ以降の別の機会だったと考えられる。

三神は、明治四十五（一九一二）年二月三―十日のマニラ遠征〈註10〉のメンバーにも選ばれている。この頃の三神は、一番・遊撃手として活躍している。この点、『一高対三高野球戦史』によると、明治四十五年五月十一日、戸塚球場で行われた対一高戦での三神は、やはり一番バッター・遊撃手で出場しており、早大は四対〇で勝っている。この試合の三神は、一回と四回に四球で出塁し、八回には死球で出塁しているが、三回と七回は「遊箭《ゆうほ》」（ショートゴロ）でアウトになっている。（一三三―一三四頁）

この試合から分かるように、この頃の三神は外野手（主にレフト）から遊撃手（ショート）に転向し、すっかり一番・遊撃手として定着していた。

五　アメリカ留学を決めた理由とその背景

明治四十五（一九一二）年、早大を卒業した三神はアメリカに留学する。当時、高等中学校や大学に進学することすら少なかった上に、アメリカ留学までするというのだから、世間的には大変な驚きだったであろう。もちろんそれができたのは、三神家が経済的に大変恵まれた裕福な家庭だったからであるし、言うまでもなく親や家族の理解もあったからだと考えられる。

ではどうして、吾朗はアメリカへ留学したいと思ったのか、またその目的は何だったのか？　興味深いところである。しかし自分の留学について、本人は何も語っていないし、書き残したものもないように思われる。そこで以下、三神吾朗の留学の理由とその背景について推察してみることにしたい。

三神は早大在学中に、野球部のメンバーとしてハワイとアメリカ、マニラへと三度の海外遠征を経験した。この経験から、三神はいつしか海外で生活することの魅力を感じていたのではなかろうか。また、三神は強豪の早大野球部でレギュラーになるほどの実力をつけたことから、アメリカの大学でどこまで通用するかを試してみたかったし、もっと野球が上手くなりたいと思ったのではなかろうか。

そこで三神は、明治四十四（一九一一）年のアメリカ遠征において、五月十日に対戦したノックスカレッジを留学先に選んだのである。ただ、早大との交流が深く、また二歳上の兄・八四郎が留学しているシカゴ大を、なぜ選ばなかったのか不思議ではある。

ところで、ノックスカレッジはイリノイ州ゲイルズバーグに本部を置く私立大学であるが、その歴史は古く、一八三七年にジョージ・ゲール率いる反奴隷制主義者たちによって自由主義的（リベラル）な高等教育機関として設立されたそうで、アフリカ系市民と女性に最初に門戸を開いた大学の一つだということなので、日本人としても入りやすい大学だったと思われる。

また一方、三神がアメリカ留学を志望したのは、甲府中学校時代の教育や環境の影響が考えられる。まずその一つには、大島正健《おおしままさたけ》（一八五九―一九三八）甲府中学校第七代校長（写真８）の教え

写真８　クラーク博士の教え子
「大島正健」甲府中学校・第７代校長

の影響である。

大島正健は札幌農学校の第一回卒業生として、クラーク博士の薫陶を受けた人物で、農学校卒業後は、同校助教授となる。その後、新島襄の懇望で同志社大学教授に就任する。さらにその後、私立奈良中学校長を務めたのち、明治三十四（一九〇一）年三月、甲府中学校長に就任する。

三神吾朗は明治三十五（一九〇二）年、甲府中学校に入学する。そこで、大島校長から、クラーク博士の「少年よ大志を抱け（Boys, be ambitious!）」というパイオニア精神（フロンティア・スピリット）の教えを受ける。

写真9は、甲府一高の校舎前にある大島校長の石碑だが、クラーク博士のパイオニア精神は、大島校長によって生徒たちに伝えられ、その教えは現在までずっと引き継がれている。

写真９　甲府一高校舎前にある大島正健と「Boys, be ambitious!」石碑

ちなみに、大島校長の教えを受けた中には、代表的には総理大臣になった石橋湛山《たんざん》（一八八四―一九七三）がいる。また堀内一雄（一八九三―一九八五・政治家、現・富士急行元社長）や元丸紅会長、元横浜正金銀行取締役、元日本郵船社長、元富国生命社長など、数多くの著名人がいる。

そして、もう一つ考えられるのは、兄たちの影響である。すでに触れた通り、長兄の敬長は、慶應からミシガン大学に留学しているし、また四男の八四郎は、早大からシカゴ大学に留学している。この兄たちの影響は大きかったと思われ、自分も兄たちのようにアメリカの大学に留学したいと思うようになったのは自然なことだったかもしれない。ちなみに、山梨県（甲州）は古くから北米移住が盛んだった。こうした土地柄も、雰囲気的に三神のアメリカ行きを後押ししたであろう。

六　ノックスカレッジ時代（一九一三―一九一五）

明治四十五・大正元（一九一二）年、早稲田大学を卒業した三神吾朗は、大正二（一九一三）年、ノックスカレッジに入学する。この大学では二年間、語学（英語）を学ぶことが目的だった。

入学後の三神は、大学野球部に入った。この点、佐山和夫『ジャップ・ミカドの謎』によると、ノックスカレッジ校史の野球部の章に「一九一四―一九一五年、三神吾朗が野球部に所属していたとの記載があった」（一三五頁）ことを確認するとともに、三神が「走塁を始めたら、もう誰もアウトにすることができない。この日本人こそは、わが大学チームの命である」（一三六頁）と書かれていたとのことである。

このように、ノックスカレッジ野球部の三神は、走塁とフィールディングの良さから、チームの中心的選手として活躍したようである。写真10は、ノックスカレッジの野球部メンバーで、最前列の左から二人目が三神吾朗である。

ところで、ノックスカレッジの一九一四年シーズンの成績は、公式リーグで四勝五敗一分けであり、三神の成績は打率二割二分五厘だった。この点、三神はアメリカのピッチャー

写真10　ノックス・カレッジ野球部（1914年）メンバー
―前列左から二人目が三神吾朗

の剛速球に押されてしまったようだ。

一九一五（大正四）年には、三神はチームのキャプテンを務める。（写真11）ノックスカレッジ野球部史には「ミカミは、すでに日本にいる間にワセダ大学で野球修業を済ませている。今シーズンはキャプテンとして全試合に出場。ショート・ストップとして華麗にゴロを処理した。そうでない時は、彼はマックガバンを助けてマウンドに上がった。マックガバンにも時には休養が必要だったからだ。（略）彼の打率は前年よりよく、二割五分八厘だった。」（佐山和夫『前掲書』一三八―一四〇頁）と書かれていたということである。

Japanese Baseball Player
Captain of College Team.

写真 11　シカゴ・トリビューン紙に掲載された三神吾朗（Captain of College Team）の記事（1915 年）

一九一六（大正五）年、三神は（早大の卒業資格で）イリノイ大学大学院に進み経済学を専攻する。卒業後は三井物産に入社し、野球とは関わらなくなった。入社後の三神は、もっぱらゴルフに熱中したようである。なお、三井物産入社後の三神吾朗の履歴については、本書末の『三神五郎年表』を参照願いたい。

七　米国プロチームのオール・ネイションズに所属

結論から述べると、三神吾朗は「日本人初のプロ野球選手」だったということになる。しかもそれは日本ではなく、ベースボール発祥国のアメリカにおいてだった。

三神は「ジャップ・ミカド」というプレーヤーとして、一九一四（大正三）年から二年間〈一九一五年の一年間との説あり〉、夏季休暇中に独立リーグのオール・ネイションズというチームに所属したということである。

このチームが創設されたのは一九一二（大正元）年、その名の通りメンバーには、キューバ人、インディアン、白人、黒人、イタリア人そして東洋のフィリピン人、日本人などが集まった多民族（多国籍）チームだった。このチームを創設したのは、スポーツ用品店のホプキンス・ブラザーズだった。

ある日、このチームの監督が、入場料金の徴収で不正を働いて姿をくらましてしまった。このとき、選手の一人だったJ・L・ウィルキンソンが代理監督となり、その後オーナーとなった。チームはミズーリ州カンザスシティーやアイオワ州デモインを拠点とした。

オール・ネイションズは、一九一二年から一九一八年にかけて、また一九二〇年、一九二一年、さらに一九二三年から一九二五年にかけて、アメリカ中西部を巡業して回った独立プロ野球団だった。

このオール・ネイションズには、大リーグが欲しがるほどのすごいバッターやピッチャーが何人もいたようだが、当時、白人以外は大リーガーになれなかった。つまり、オール・ネイションズは、大リーグ・チームに匹敵するほどの実力があるチームだったということであり、三神吾朗が一時的ではあれ、そのチームに所属してプレーしたということはすごいことだと思う。

写真12は、オール・ネイションズ時、バッター・ボックスに立つ三神吾朗である。ここで注目したいのは、彼は左打者だったということである。彼がもともと左打者だったのか、アメリカに行ってから左打者に転向したのかは不明であるが、彼がアメリカで活躍できたのは、足が速かったこともあるが、左打者だったことも大きく関係していると考えられる。

そこで、この左打者の有利性について、石垣尚男『スポーツと眼』は「・一塁ベースに近いうえに、

写真12　オール・ネイションズのユニフォームで左ボックスに立つ三神吾朗

振り切った姿勢でスタートできる。約二歩分速いという。・右投手のボールを見きわめやすい。右投手が多いので有利である。・二盗するランナーが左打者の陰になるので、捕手はスタートが見にくい。・ランナーを進めることを考えると、右打者が右方向へ流し打ちするよりも、左打者は引っ張ればいいので打ちやすい。」（一四二頁）

との四点をあげている。

　このように、打者としては左打ちが有利だと考えられるが、石垣『前掲書』は「１９８７年度のプロ野球の平均打率は、左打者が２割７分８厘、右打者が２割４分５厘であり、左打者の有利性を裏付けている」（一四二頁）と述べている。

ところで、アメリカでは一九二〇年、ニグロ・ナショナル・リーグ〈註11〉が創設されるが、オール・ネイションズは当初、このリーグには加わっていなかった。しかし解散後は、残留組に新たな選手を加えて「カンザスシティー・モナクス」として、このリーグに加わる。オール・ネイションズの流れを汲むこのモナクスは、大変な強豪チームだったようである。〈註12〉

すでに「まえがき」で触れた通り、「三神吾朗がプロ球団のオール・ネイションズに所属していた」ことを明らかにしたのは、ノンフィクション作家でベースボール・野球史に詳しい佐山和夫〈註13〉だった。

佐山は一九九六（平成八）年四月、『ジャップ・ミカドの謎―米プロ野球日本人第一号を追う』（文藝春秋）を著すのだが、この中で、三神がアメリカのプロ球団に所属していたことを明らかにする。佐山は一九九五（平成七）年、アメリカや日本での徹底した取材によって、三神のこの事実にたどりついたのである。

写真13は、佐山和夫『前掲書』の表紙にも使われているが、佐山がこの写真を入手したのは、彼が

写真13　オール・ネイションズ球団メンバー（1914年）
―右端先頭が「ジャップ・ミカド」こと三神吾朗

黒人野球の歴史について一冊の本を書こうとして、一九九五（平成七）年にアメリカで取材していたときだった。

彼は当時、黒人野球界の名門チームであるカンザスシティー・モナクスについて調査していたそうだが、この強豪チームの前身であるオール・ネイションズの集合写真（写真13参照）を見ることになり、その中に紛れもなく東洋人の顔があることに気付いた。そして、それが「ジャップ・ミカド」こと三神吾朗であるとの確信を持ったのである。ちなみに、この「ジャップ」〈註14〉は日本人の蔑称として使われていた言葉であり、また「ミカド」は（帝ではなく）、「三神（ミカミ）」をアメリカ人学生が聞き違えたことから呼ばれるようになったということである。

この後、佐山は一九三四（昭和九）年にポプラ社が発行した『スポーツ人国記』「山梨県の章」を読み、「三神吾朗が大学時代にアメリカ遠征に出ていることはたしかだ。早大を卒業したのち、再び渡米してアメリカの大学へ行ったことも間違いない。あと、知りたいのは、彼がそのアメリカで、プロ野球チームに加わっていたかどうかだけだ。」（九十一頁）と述べている通り、三神吾朗がプロ野球団に所属していた事実を、最終確認するところまで漕ぎ着けたのである。

こうして佐山は、この最終課題を確かなものにするために、自由が丘（睦坂）の静かな住宅街にある三神宅を訪問する。つまり、三神吾朗の妻である美代子夫人から話を聞くためだった。美代子夫人の話では、吾朗が早大やノックスカレッジで野球をやり、カレッジではキャプテンをやっていたとのことだったが、「プロ野球には、入らなかったと思いますよ。」（佐山『前掲書』九十三頁）と、吾朗がプロチームにいたことは否定されたのである。

そして、さらに美代子夫人は「結婚したのが一九二一（大正十）年、それからだいぶたってから、日本にもプロ野球ができましたがね、そのときも言ってましたよ。『プロなんて、あんなもの』とね。ですから、そちらの方は見にいったこともありませんでした。プロ野球のことをそのように言っていたのですから、アメリカでもそれにたずさわっていたことはないと思いますよ。」（九十三頁）と念をおされたのだった。

また、長女の淳子さんも「私もそんな話は聞いたことがありませんね。それにお持ちになって来られたこの写真、『オール・ネイションズ』というのですか、ここにはいませんね。この先頭の方はたしかに日本人に見えますが、父とは違うようです。」（九十四頁）とのことだったし、淳子さんの妹の桑野順子さんも、「アメリカのプロ野球でやったとは、言っていませんでしたね。」（二〇六頁）と、やはり否定されたのである。このように、美代子夫人をはじめ、娘の淳子さんやその妹さんも、吾朗がプロ野球選手だったことを否定されたのである。

この後、佐山はしばらく経った春の桜満開の頃、再び自由が丘の三神美代子夫人を訪ねた。これまでの調査からも、いまだに「三神吾朗がジャップ・ミカド」であるとの確証がつかめていなかった。そこで、諦めることも選択肢の一つと覚悟して行った訪問だった。ところがこの訪問で、話は急展開していくことになった。

それは、美代子夫人が「この前、あなたが来られたあと、こんなものがあるのを思い出しましてね。お役にたつかどうか分かりませんが、仏さんのものですからね、お見せしようと取っておいたのですよ。」（一九三頁）と言って、大きな紙筒一本と紙の小箱一個、それに茶色の紙袋を差し出されたのである。

これらの中身は三神の遺品で、イリノイ大学の修士課程の終了証やノックスカレッジのペナント、さらには吾朗宛に届いた多くの古いハガキや手紙だった。これらのハガキや手紙は、早大野球部の仲間やフィラデルフィアにいる弟の修（ペンシルベニア大学留学中）などから来たものだったが、そうした中から「オール・ネイションズ野球部気付、三神吾朗様」と書かれたハガキが見つかったのだ。
佐山『前掲書』によると、この中の一通のハガキは、一九一四（大正三）年九月（日付不明）、アイオワ州シブリーから発せられたもので、文面は次の通りだった。

〈やあ、マイク。君からハガキをもらって、とてもうれしかった。そうなんだ。オール・ネイションズは九月十日、ここで試合をする。君が戻ってきてくれることを期待しているよ。君はノックスカレッジへ行くのかい。早い返事を待っている。じゃ、これで。　君の友人、ドナルド・フリーマンより〉（二〇一頁）

また別のもう一通は、一九一五（大正四）年四月五日、グリーンという友人からノックスカレッジ野球部の三神吾朗に宛てられたもので、三神とオール・ネイションズを繋ぐ上から、大変意味のある次の通りの文面だった。

〈わが友、ゴロウへ。
オメデトウーノックス・カレッジ野球部のキャプテンに選ばれたんだって？　限りなき大成功を期待するよ。『オール・ネイションズ』はきっと君を引っ張りに行くだろう。この十八日から、『オール・ネイションズ』はオクラホマシティーでトレーニングを開始することになっている。俺はもうチームに加わらないつもりだが。では又。グリーンより〉（二〇四頁）

これら二通のハガキから、三神吾朗がプロ球団オール・ネイションズに所属していた事実を、佐山和夫『前掲書』は確信したのだった。

佐山は、これらのハガキを保存してくださっていた「おばあちゃん（美代子夫人）に感謝するばかりだ。ありがとう。」（二〇四頁）と述べている。

なお残念なことに、佐山が美代子夫人に会った三カ月後の六月二十六日、夫人は亡くなられた。ちなみに、美代子夫人は明治三十四（一九〇一）年生まれで吾朗の十二歳年下。吾朗とは一九二一（大正十）年に二十歳で結婚され、一九九五（平成七）年六月二十五日、享年九十四歳で逝去されたということになる。

ところで、ここで今ひとつ明確でないことがある。それは、三神がプロ球団オール・ネイションズに所属した年である。先の二枚のハガキからすると、一九一四年と一九一五年の二年間（夏期休暇中のみ）だと思われるが、しかし佐山『前掲書』は、三神が「ノックスカレッジのキャプテンをするほどの者なら文句はなかった。守備も内外野手をこなせそうだし、足が速いというのも売り物に出来そうだった。」ことから、オーナーのウィルキンソンは「急いで三神吾朗に近づき、事情を説明して入団を勧誘したのではなかろうか。」（一九二頁）と述べており、三神がオール・ネイションズに所属したのは、彼が大学野球部のキャプテンだった一九一五（大正四）年だとしている。

一方、『ウィキペディア』によると、「三神吾朗がオール・ネイションズに参加したのは、一九一四年（大正三年）の夏休み」だったとしている。

果たして、三神がプロ球団オール・ネイションズに所属したのは、一九一四年なのか、一九一五年なのか、それとも両年だったのかがはっきりしない。ただ、筆者は先に述べた通り、オール・ネイションズの選手から三神に届いた二枚のハガキから、一九一四・一九一五年の両年だったと考えている。

八　なぜ「プロ野球選手だった」ことを明かさなかったのか？

三神吾朗は、なぜプロ野球選手だったことを、妻や娘たちに話さなかったのか？　不思議である。

オール・ネイションズに所属したのは、夏季だけの僅かな期間だったので、プロ野球選手だったという意識があまりなく、人に語るほどのことではないと思っていたのであろうか？　また、美代子夫人が三神本人から聞いた「プロなんて、あんなもの」と言っていたように、三神がプロ野球に対して「良くない（悪い）イメージ」を抱いていたからであろうか？

ところで、日本最初のプロ野球は、大正九（一九二〇）年秋、早大野球部時代のメンバーだった河野安通志、押川清、橋戸信らが中心となって設立した「合資会社日本運動協会」だったが、当時のプロ野球は賤業《せんぎょう》と見なされ、ゲーム中「商売、商売」と野次られた。この背景には、野球というスポーツを見世物として金銭を稼ぐというのは、当時としては受け入れがたいことだった。こうした中で、自分がアメリカのプロ球団にいたことなど、自慢もできなかったし、口に出しても言えなかったのではなかろうか。

三神は、確かに野球が好きで野球を愛していた。しかし、それはプロ野球ではなく、甲府中学校や早大時代、またノックスカレッジ時代のように、野球技術の向上やチームとして試合で戦って勝つために、懸命に練習してプレーする、いわゆるアマチュア野球の楽しさや面白さだった。

写真14は大正十四（一九二五）年春、三神が三井物産勤務時代、ＯＢとして甲府中学校を訪れたと

写真14　大正14年春、甲府中学校を訪れた三神吾朗と野球部選手たち
—後列中央のコート・帽子姿が三神吾朗

きのものである。『甲府中学・甲府一高野球部史』には「熱心に後輩指導に当たられた」人物として「明治・三神吾朗、丸茂義明〈註4参照〉、奥村正兵衛、林健三、大正・寺田七男（旧姓三神）、佐藤金近」（十頁）と書かれている。なお、寺田七男は三神吾朗の実弟であり、早大野球部ではマネージャーを務めた。

ところで、佐山『前掲書』によると、三神吾朗がオール・ネイションズに所属していたことが明らかになった後、さらにそれを追認するような連絡が、三神吾朗の甥（勲）からあったそうだ。それは、叔父（三神吾朗）が「ＮＨＫのラジオ番組『私は誰でしょう』にでてみようかと思うんだと言うのです。アメリカで初めてプロ野球の試合に出た日本人は、この私だと。ええ、確かにそう言いましたよ。」（二一三頁）というものだった。しかしこれは、番組への出演を押し留める人がいて実現しなかったそうだが、これが事実だとしたら、「三神吾朗が日本初のプロ野球選手だった」ことを言いたい気持ちは、心底には少なからずあったということになろう。

九　三枚の写真は同じ人物か

三枚の写真1・12・13（上からA・B・Cとする）に写っている人物は、どれも三神吾朗だろうか？　この点、先の七で触れた通り、写真13を見た三神の長女淳子さんは「この先頭の人は、（略）父とは違うようです。」と答えている。そこで、三枚の写真の人物が、同一人物であるかどうかを確かめるために、三枚の写真の人物それぞれの「身体部位比率」を算出し比較してみた。表3はその結果である。

表3からは、CはA＝Bよりも、上部が約四・五％大きく、

表3　三神吾朗の3枚の写真における「身体部位比率」の比較（単位＝％）

部位	A（1908年）	B（1915年）	C（1915年）
上部（腰―頭頂）	41.3%	41.0%	45.7%
下部（腰―足底）	58.8%	58.9%	54.3%
身長（上部＋下部）	100.1%	99.9%	100.0%
顔面（頭頂―下顎）／身長	15.0%	14.7%	14.7%

A＝甲府中学5級生（1908・明治41年）

B＝オールネイションズ時（バッターボックス）　1915（大正4）年

C＝オールネイションズ時（メンバー右端）　1915（大正4）年

＊人物の身体区分には、写真に不明瞭なところがあるため、部位比率には多少の誤差が生じる。

下部が約四・五％小さかった。ただ身長に対する顔面（頭頂―下顎）部の比率は、ＡＢＣともほぼ同じだった。よって写真13（Ｃ）は、三神であるとは言い切れなかった。しかし、三枚の写真をよく見てみると、三点の特徴に気付く。

一点目は、写真13のユニフォームは大きめでダブついており、腰の位置が下がって見えること。よってこの点を考慮すると、上部・下部の比率は、Ａ＝Ｂ＝Ｃとなりそうだ。

二点目は、人物の右足の置き方（向き）である。どの写真でも同様に「右足は（前ではなく）外側に開いている」こと。この右足の置き方は、左バッターである三神自身に染み付いた特徴的なポーズだと思われる。

そして三点目は、顔面の特徴的な一致である。それは耳（殻）が長く大きいことと、鼻（すじ）が長いことである。

以上の三点から、やはり写真13（Ｃ）の人物は、三神吾朗だと考えられ、三枚の写真１・12・13は、いずれも三神吾朗に間違いないと思われた。ちなみに、写真12・13の三神が着ているユニフォームには、どちらにも首回り、袖口、ズボンの横に黒ラインが入っており、オール・ネイションズのものである。

第三章

三神吾朗　『米国野球界の印象』

明治四十四（一九一一）年八―九月、三神吾朗は山梨日日新聞社の依頼により『米国野球界の印象』という標題で、連載記事（一―八）を執筆している。〈註15〉このことは、すでに述べた通り、三神が早大野球部の一員として、明治四十四年三月から八月にかけて、アメリカ遠征したときのことを書いたものであり、当時のアメリカの大学野球やプロ野球（大リーグ）の実態について、また交通事情や都市、大学、社会（問題）の状況などを知る上から、貴重な内容になっている。

以降、三神吾朗が執筆したこの「記事（一―八）」全文を紹介することにしたいが、「記事」原文は、読者が読みやすいように筆者が現代文にした。

一　明治四十四年八月二十五日「記事（一）」

この度貴紙から、僕の渡米談を書いてくれと依頼されたので、彼地《かのち》で見た事や感じた事などを書いてみようと思う。

まず僕らが渡米するに至った順序を書いて、それから面白かった事や苦しかった事などを書くことにする。ご承知の通り昨年秋、米国中部のシカゴ大学の選手が我早大の招待を受けて来朝した。尤《もっと》も招待の事故、旅費及び滞在費は、こちらが持つのは当然のことだ。シカゴ大学の選手は東京で、早稲田慶応と各三回ずつ試合をやって全勝し、それからマニラに行って数回の試合を行って帰国した。〈註

16〉このシカゴ大学が日本に来ることになった時には、すでに僕らは近い将来、渡米することが出来るようになっていた。すなわち、シカゴ大学との約束が、お礼として僕らを招待するという条件だったのである。しかし、僕らは昨年の秋、滅茶苦茶に敗北したので、とても本年は渡米することは出来ないものと思い、学校も勿論そう考えていた。

然《しか》るに（それなのに）、本年一月頃シカゴ大学より本年ぜひ渡米して欲しいとの書面が来たので少し活気づき、色々相談の結果、総長大隈伯にご相談したところ、伯は即座にただ行けとの命令だった。これで僕らの渡米は確定した。これは二月末だったと思う。こうして選手たちは練習を始め、渡米の準備に取り掛かった。その後、シカゴ大学から書面が届き、米国は早稲田大学野球団が来るので非常な活気で、殊《こと》に諸大学は歓迎準備に忙しいとの事、僕らは早く行きたくて仕方がなかったが、予科の生徒は三月二十日頃から試験があるので、選手の中の四人は出発前日まで試験を受けたような次第で、同月二十八日横浜出帆の日本丸で、いよいよ出発することが決まった。

一行は選手十四名、監督一名の都合十五名だった。監督としては有名な安部先生がその任に当たられるべきところ、家事上の都合（家庭の事情）〈註17〉で、野球部長だった高橋先生がその任に当たられた。先生は幼児の時から米国に居て、十数年彼地《かのち》で勉強して帰国された後、早大で教鞭をとられている人で、英語は日本語よりも寧《むし》ろ上手な程だから、甚《はなは》だ好都合だった。殊《こと》に英語演説ときたら、最も得意とされているところである。

さて、選手の面々は、投手大村（鹿児島）、松田（神戸）、山本（山口）、捕手山口（新潟）、福長（北海道）、一塁手大夫（水戸）、二塁手原（福岡）、三塁手深堀（横浜）、遊撃手大町（高知）、左翼手八幡（岩手）、中堅手小川（東京）、右翼手増田（横浜）、マネージャー伊勢田（鹿児島）、中堅手三神（山梨）で、ほとんど日本の端から端まで集まっている日本全国の代表と言っても過言ではないと思う。なお選手の年齢は、勿論中学卒業であるから、あまり若いのはいなくて、捕手の福長が十九歳を一番下に、伊勢田の二十五歳を頭にして平均二十二歳位だった。

二　明治四十四年八月二十六日「記事（二）」

予定の三月二十八日が来た。早朝より支度を整え、品川京浜電車終点で多くの学生と待ち合わせ、午前十時頃電車で神奈川に向かい、そこから車で横浜上州屋に着いた。見送人は山のように多かった。しかし、乗船する日本丸は桟橋に着かないので、多くの見送人とは波止場でお別れした。その際、学校の応援団学生を代表して有名な吉岡将軍が送別の詞《ことば》を述べられ、高杉先生が答辞をされた。

やがて、船は午後二時頃、万歳を三唱する幾千の見送人いや日本国を後にして、遠い遠い遠征の途に上ったのである。この日の内は、母国の影も臨むことができたが、翌朝からは鳥一つ認めることができず、只我々が乗っている船のみ、悠々《ゆうゆう》として太平洋の波涛を蹴破って猛進するのみだった。

少し話は前後するが、船は一、二、三等の区別がある。無論、僕らは二等くらいが相当なのであるが、米国上陸の際に目の検査〈註18〉があるので止むを得ず奮発してキャビン「即ち一等」に乗った。

船の一等と言えば、実に贅沢なもので、各室にはボーイが一人付いているし、食堂も給仕付きで、何一つ不自由なく全く殿様扱いである。船客は一等には僕ら十五名の他、日本人四、五名、外国人十名程で、船長は英国人であった。船の喫煙室《すもーきんぐるーむ》には僕らの連中及び他の日本人が、朝から晩まで詰め切りで遊んでいるので、外国人は遊ぶ事ができず閉口していた。実際、船の一等では、外国人より日本人が多くて勢力があるなどという事は稀で、いつもは外国人に勢力を占められ、日本人は日本の船に乗っても、外国船に乗ったような気がする。これというのも、日本人の旅行者が少なくて、外国人が多数を占めるからである。しかし今回は、外国人より日本人が多かったので、常に外国人を圧し、実に気分が良かった。日本人の船員たちも大変喜んでいた。

ところが、ある日の夕食後、皆で甲板に出て、校歌や応援歌を合唱して一騒ぎやったところ、船長さんから派遣された人が来て、中止を命じられた。その原因は、船に特別船客として、天洋丸の船長夫人と子供がいた。船長さんは朝から晩まで、この人たちのお守で一生懸命だった。生憎《あいにく》僕らの唄った所が、特別船客室のすぐ傍であったので、船長さんは大変心配され、このような次第になったのである。二、三日後、高杉先生の所に、船長が謝りに来られたそうだ。

船の中では、牛肉のすき焼きが一番のご馳走で、日本食も時々は味わうことができた。またある晩は、乗組員の芝居があった。忠臣蔵をやったのだが、乗組員はなかなか上手いもの、勿論乗客には非常に芸人が多いので、毎航海一、二回は芝居が見られる。昨年、布哇（ハワイ）へ行った際には壷坂《つぼさか》〈註19〉をやったが、これもなかなか上手だった。その他、乗客の中には、手品師などもいた。

毎日曜日の午後には、必ず乗組員一同気笛と共に甲板に上り、各組に分かれて整列してボートにつき、人員検査をする。これは何かあった時に備えての用意だ。横浜を出発して以来毎日、日本丸という家の中に一定不変の事物を見、同じ人間と毎日顔を見合わせているので、もはや話も尽き果てて、飽き気味となっていたが、ちょうど十日目にして布哇（ハワイ）ホノルル港に着き、一夜の宿を陸地にとって旅の疲れを休める事が出来た。

三　明治四十四年八月二十七日「記事（三）」

ホノルルは昨年厄介《やっかい》になった所であり、多くの知人がお迎えに来てくれた。望月ホテルという日本人経営の立派なホテルに泊って、久し振りで上等な日本食を食べる事ができたのは嬉しかった。

翌朝、十時頃またもや見送人を後に、米国目指して向った。ホノルル・桑港（サンフランシスコ）間は五日間程。その途中、海上で天洋丸に行き合った。同じ会社の船であるから、双方とも接近して万歳を交換した。この間、実に一分にすぎない。後はもう呼べど叫べど聞こえなくなった。凡《およ》そ大洋上で船に合う位、嬉しいことはないと思う。全く言葉にも筆にも表わせたものではなく、この味こそ知る人ぞ知るところだ。

船は毎日数百浬《かいり》〈一海里は一八五二m〉走るので、時計は毎日三十分位宛《ずつ》遅れる。ちょうど四月三日の夜十時頃、東半球から西半球に移ったが、四月三日は二日あった。これは地球が丸い証拠で、米国内部の真夜中が日本の真昼に当たる。米国から日本に帰る時は、反対に一日を失うことになるのだ。こうして海路恙《つつが》なく、サンフランシスコに上陸する事を得たのは四月十三日〈『早大野球部史』は四月十四日としている〉。波止場には、昨年シカゴ大学のマネージャー兼投手だったベージ氏及び校友橋戸氏その他多くの出迎人が来ておられた。これらの人に擁《よう》せられ、同港第一流のセントフランシスホテルに泊った。

サンフランシスコ及びその付近に約二週間滞在して、数回の試合をやった。同地には日本人が何千人となく働いていて、殊《こと》に甲州人は非常に多くて郷同会、県人会等もある。これら日本人の仕事は、多くが労働であって、このサンフランシスコは排日熱の最も盛んな所である。〈註20〉排日については、種々双方に理屈があるのだが、我同胞の中にも全く田舎者の解《わ》（分）からず屋がいて、日本式をそのまま彼地でやるので、はなはだ見憎《みにく》いことがある。

これらも一因に違いないが、大きな原因はさらに風俗習慣との相違によるものではなく、全く金銭上から来ているのだと思われる。即ちこの地には労働者にしてもその他の人にしても外国人が甚《はなは》だ多い。殊に、伊太利（イタリア）人、支那（中国）人、西班牙（スペイン）人が多く、皆労働をやっているのだが、日本人の労銀（賃金）は他よりも全く安い。これらが根本の原因らしい。日本人がこのように排斥されるにも拘わらず、中国人は米国政府が甚だ丁寧に待遇する。これは最近の政策で、米国の胸中にサムシング（思惑）が、ある事が推測できる。

しかし米国の内部東部等に行くと、正に比較的人種問題も少なく、邦人の待遇も良い。サンフランシスコにいる邦人は、甚だ多数であることは前にも述べたが、これらの人によって日本町ができ、日本料理屋があるという具合で、外国のような気がしない。僕らは今回、同胞の胸が熱くなるような歓迎を受けたり、種々の記念品をもいただいた。

四月二十八日、サンフランシスコ港を出発して、加州（カリフォルニア州）の首府サクラメントに行き、ここで試合をして、翌朝、ソルトレークシティーに向った。名の通り〈この間判読不明〉グレートソルト湖は郊外にあり、食塩量が海水の約二倍あるので、製塩事業も大変盛んである。この地でさらに有名なのは、モルモン教の総本山〈註21〉で、寺院もすこぶる荘厳だ。ご承知の通り、モルモン教（三宗派）は一夫多妻主義だったが、現在は勿論、州の法律で禁じられているのみならず、また実際にも行われてはいない。

四　明治四十四年八月二十八日「記事（四）」

ソルトレークシティーでも試合をした。それから一昼夜も汽車に揺られて、デンバー市に着いた。途中、砂漠のような所で汽車に故障が起きて五、六時間も立往生したので、予定より非常に遅れたため、食堂車も食料を買い込むことができず、乗客も朝飯を食う事ができない。腹は減るし時間は遅れるし、癪《しゃく》にさわってもどうする事も出来ず、泣き寝入り。米国のように時間の正確な国でもこのような事が稀にはあるので、日本では無理はないと思われた。至る所、我が同胞がいて、一面識もない人々が盛んに歓迎会を開いてくれた。異郷にいると自然に母国の人が懐かしくなるのだろう。

翌日、出発して一日中乗車、漸《よう》く目的地のシカゴに着いた。停車場には、同地大学教師及び昨年来朝した野球選手一同が出迎えに来ていた。早速自動車でシカゴビククーチホテルに行く。このホテルはミシガン湖畔に在るなかなか立派なもので、現在の日本では到底見ることができない程大きく、かつ設備も実によく整っていた。海水浴は何時でも出来るし、その他の遊びのためには、完全なグラウンドが設けられている。殊にこのホテルの特徴というのは、家族一同で避暑などに来るのに、至極適当であるということだ。

シカゴには、前後約一ヶ月滞在したが、この間、同胞及びシカゴ大学ならびに個人より招待された事、十数回にも及んだ。その主なものは、第一はシカゴ大学で、到着後直ちに盛大な歓迎会を開いてくれた。総長初め教授、学生を合わせて約千人の大集会であった。なお、同大学総長ジャトソン博士の招待で、同氏宅に行った事もあった。ジャトソン博士は白髪の老人だったが、その壮健さは壮者（働き盛りの人）を凌ぐ概《がい》（おもむき）がある。他には、有名なストックヤード（牛豚等の供給場）より招待を受け、牛豚等を撲殺する有様や肉の貯蔵法等を残りなく見物し、その肉でご馳走になった事もある。この会社の雇人《やといにん》が約八千とはやや驚く。なお日本人としては、清水領事代理及び青年会の饗応を忝《かたじけ》なくした（ありがたく受けた）。

さて、いよいよ米国の野球について、話をしてみたいと思う。第一に野球なるものは、米国の国技である事を頭において見なければならない。米国の野球史は、わが国のそれに比し数倍の長さを持っている。現今、米国には日本と異なって、野球を職業としている者がたくさんいる。いわゆるプロフェッショナルだ。この連中は毎年四月頃から十月半ばまで毎日のように試合をして入場料をとる。しかし、これらの連中は、各自《てんで》に気ままに仕合（試合）をするのではなく、リーグというものを造っている。

このリーグというのは、例えば仮に、日本全国の野球チームに東京団、大阪団、横浜団、甲府団等があって、これらの諸チームが一定の規則を作り、評議員のような者を置き、種々相談して互いに技を競うとすれば、それは米国のいわゆるリーグなのだ。なお、各チームには、それぞれ支配人（オーナー）がいて、自分のチームを強くするための努力をしている。

米国にはこのリーグで、第一流に属するものが二つある。すなわち、アメリカン・リーグとナショナル・リーグだ。〈註22〉この二つのリーグは日本で言えば、まず東京角力（相撲）と大阪角力（相撲）とだが、大阪の方が弱いなどということはなく、全く両リーグ共なかなか強いのだ。毎年、両リーグはそれぞれ自分のチームで試合をやり、優勝チームを両方から出して、十月半ば頃に雌雄を決するのである。この戦いで、米国の従って世界の選手権は確定するのである。

五　明治四十四年八月二十九日「記事（五）」

各野球団の選手というものは、日本の力士のように、米国全土から探し出してくるのである。力士は体格さえ良ければすぐ採用されるが、野球は体格ばかりで行くものではない。地方でやっている中から、将来有望な者を連れてくるのである。各チームの支配人は、この選手を引っ張る事に毎日一生懸命なのだ。また、力士のように地方から東京に出て来て部屋入りするにしても、ただではない。すなわち、支配人が地方へ行って選手を連れて来るのには、実に巨額の金を支払って買って来るので、それだけではなく将来引き続いて多額の月給を与える。したがって、支配人が許さなければ、選手は任意に他チームに転ずることはできない。選手の月給の出所は、試合の入場料である。

米国の野球見物は、日本の相撲より大仕掛けもので、見物臺《すたんど》の最大なるものは、紐青（ニューヨーク）にあるもので、優に五万人を収容することができるそうだ。その他、少なくとも二、三万人が入れる所もある。入場料は全部リーグで取って、各野球団に分配し、各野球団はさらにその選手に分配支払いをする。選手の給料は、まず二千弗《ドル》（四千円）以上、一万五千弗《ドル》（三万円）止まりだ。ちょっと半年間にこれだけ取るのだから大きい。殊に選手は、十一月頃から冬の間は、他の教員（コーチ）をやるのでこれからも収入がある。のみならず、毎日試合をして諸所旅行する費用等は、全て各野球団から出るので、選手は全く一文も要らず、立派なホテルに泊り贅沢三昧している。従って、見物人も一年中すなわち試合のある間は、見物席を買い切っておき、どんな時でも出かけて行くような熱心家、贅沢家もいるのである。普通、入場料は二十五仙《せんと》（五十銭《ごじゅうぜに》）ないし一弗《ドル》（二円《にえん》）位で、やはり好取組（ゲーム）の時は見物人が多い。

この見物人の中には、相撲と同じく贔屓贔屓《ひいきびいき》（ファン）があって、互いに応援する。各力士贔屓があるように、各選手にも贔屓があり、東京相撲に贔屓があるように、各野球団に贔屓がある。以上の事は、主として第一流野球商売人についてだが、この他にも未だ第二流、第三流の商売人がある。言わば、大阪相撲、田舎相撲ということだ。

勿論、全てのやり方は、第一流と何ら変ったことはないが、ただ第二流以下に上手な選手がいて、第一流野球団からこの選手を要求した場合、引き渡さなければならない規則になっている。これら第一流野球団は、比較的大都市にある。例えば、ニューヨーク、シカゴ、ボストン、フィラデルフィアのような都市であり、第二流はこれに反しサンフランシスコ、ロサンゼルス、ポートランド、中部ではインディアナポリス、ミネヤ（ア）ポリス、セントポール等の小都市にあるのが通常なのだ。

米国においては、大学もまた悉《ことごと》く相当なる野球団を有している。勿論、その技量においてもやり方においても、商売人とは違う。大学には必ず運動部の部長がいて、全ての運動に対して種々奨励の役を勤めている。殊に野球部には野球の歌〈正しくは頭脳〉でもあり、技量に優れているコーチという者を置いており、選手の選定からその他万事を掌《つかさど》る。すなわち、チームの全権はコーチの手中にあるのである。またチームの強弱は、全てコーチの責任である。各大学が競って良いコーチを得ようと努めるのは、実はここにある。

実際、米国では運動部、殊に野球、蹴球の盛《さか》んな大学は、大学としても栄えている。そこで、各大学は率先して野球の強いことを望み、この奨励には全力を尽くしている。したがって、運動場の広大なる設備は完全であり、実に驚嘆する外はない程である。

六　明治四十四年八月三十日「記事（六）」

どんな大学でも必ず立派な運動場を持っている。その上、必ずジムナジュウム（gymnasium 屋内運動場）というのがあって、水泳場もあり、冬期の運動場にもなる。これらは日本の大学等には到底見られないところで、実に羨望に堪《た》えない次第である。その他、大学には舞踏場あり演説場あり、ある大学にはギリシャ劇をやる舞台さえあった。そして大学の位置は、その地で最も閑静な所にあるのが常だった。樹木が繁り、芝草の緑が一面に地を被《おお》う校庭に立てば、気も心も自ずと晴々する位だ。

大学の多くは、野球選手である者には、必ず成績にある制限を設けている。もしもこの制限以下の成績であれば、選手である資格がないようにしている。また、選手としての対面を汚す者については、早速除命（名）させられる。

実際、米国の大学においては、自由に選手の選定及び設備等が出来るので、立派なチームを作ることは容易だ。しかし、これらの事を直ちにわが国の大学に応用するのは、極めて難しい。と言うのは、第一に金の問題がある。米国の大学は、野球部の費用として、大変巨額の金を投じているのに、わが国の大学では野球部に出す金というものが極めて僅少《きんしょう》で、とても米国のような設備を整え、また立派なコーチを雇うことは不可能だ。従って、チームを完全にすることはなかなか難しい。

次に、わが国の野球界の現今は過度時代で、非常に面倒な時期にある。慶応とか早稲田が、ある新しい事を始めると、中学生たちはその善悪をも考えず、直ちに真似る。この点は大いに注意を要することだ。

一般に米国における野球、殊に商売人（プロ）のやり方は、学生としては聊《いささ》か応用し難いところだ。

また大学の野球でも、米国式をそのまま日本に当てはめるのは、考えものだと思う。例えば、米国においては、大学の試合等では、見物人から入場料を取っている。米国で入場料を取るのは何でもないことなのだが、日本で日本人同士が試合をするのに、入場料を取る事は考えなければならないだろう。

現今、わが国でも外国の野球団が来て試合をする時は、費用支弁（かかった費用を支払う）のために、相当の入場料を取っている。〈註23〉ある新聞には、学生が入場料を取って試合をするのは、野球を興業物視することになるので、体育の根本概念に戻《もと》るという意味から、それさえ攻撃している。しかし、米国野球団を招待し、両国の親善を図るという意味で野球の試合をする時は、その目的たるや全然商売的でないから、相当の入場料を取って、それを費用に当てるのは決して非難すべきではないと思う。

七　明治四十四年八月三十一日「記事（七）」

米国大学の野球は、その技量において、我国の大学チームより遥かに優れている。今度僕らと戦った諸チームの中、一つとして僕らに劣っていると思ったものはなかった。それなのに二十回程の勝〈実際は十七勝〉を得たのは、全く我々日本人が技量以外に何物かを有する事によるものだと思う。その主たるものは大和魂だ。

外国人は始めの出発点が具合よく行けば、乗気になっていつも以上の技量を表わすが、一度調子が外れたと来たら、実に目も当てられなくなる。日本人にしても、この事は全くないわけではないが、外国人は殊《こと》に著しい。だから、僕らが今回戦った中でも、技量においては数段上でありながら、僕らのためにみすみす敗北の憂目《うきめ》にあったチームもあったのだ。実に大和魂は、戦争の時ばかりでなく何事にも大切で、日本人独特の精神である。なお、日米両国の野球選手の特長を挙げてみるならば、米国人は体格において非常に我々よりも優れているので、走る事などは全く段違いに速い。野球においては、走る事は甚《はなは》だ大切であって、野球の強さを誇ろうとすれば、走る事を研究しなければならない。

この走る事は、むやみに走るばかり速くても役に立たない。スタートの敏活が何よりも大切だ。打撃においても、日本人は彼らに遥かに及ばない。僕らの戦った野球団にして、我より打撃の劣っているような者は全くいなかった。日本人の打撃が弱い所以《ゆえん》（理由）は、体格が劣っているために、打球が遠くへ飛ばないことにあるが、その上、日本人は打つべき球を見分ける事が下手だ。尤《もっと》もこれは練習さえ十分に行えば、その堂に入る事もあえて困難ではなかろう。

翻《ひるがえ》って、守備の方はどうだろうか？　我が国の野球団は、一般に投手が不足している。しかし、彼ら（米国の）投手は実に卓抜なる技量を有している。投手が上手くなれば、従って打撃が強くなるという理《わけ》。我が国の野球選手の打撃力が弱いのは、これに原因するところが極めて大きい。

次に、フィールディング（守備）だが、守備は彼我《ひが》ほとんど同様だ。ある大学では、僕らよりも劣っていた。これは、守備というものは我が国でも練習しやすく、その上、数年前までは攻撃の必要性を認めず、専《もっぱ》ら守備のみ練習した結果だ。しかし近年は、消極的な守備より積極的な打撃の必要性が認められて、守備の練習に十分間を費やすならば、攻撃の練習に三、四十分を費やすという風になってきた。

要するに、野球は米国の国技だ。有する歴史もまた古い。我が日本の野球史は、まだ二十年足らず〈註24〉、彼らに劣るところがあるのは、理の当然（当たり前）なのだ。しかし、今後数十年後には、必ず彼らと対抗する事ができるだろうと確信する。

実際、野球というものは、体育上〈註25〉からも、精神上からも、この上ない遊戯だから良いので、今後ますます発展させるべきだ。しかし、米国の野球に付随している種々の習慣等については、十分に熟考の上、採用すべきだと思う。

八　明治四十四年九月二日「記事（八）」

大分《だいぶ》、米国の野球について書いたが、さっぱり要領を得ないで申し訳ない。要するに、僕の望むところは、日本の野球も米国の大学位に、技量も設備も進む事それのみなのだ。

シカゴには、四十日間も滞在した。六月十八日懐かしきシカゴ市を後にして、東部に向かい、エリー湖畔にあるクリーブランドに着いた。同地には有名なるロックフェロービルディングがある。ここから汽船でバッファローに行き、一日あの名高きナイヤ（ア）ガラ瀑布で遊んだ。瀑布は、ちょうど北米合衆国と英領カナダとの境にあって、橋一つで郵便切手が違う。天空に翻る国旗は、五十有余の星（アメリカ国旗）ではなく、我が同盟国（イギリス）の旗だ。何となく気強い感じがした。

瀑布の壮観は言うまでもないが、その人工的設備の完全さには驚く。地面に穴を掘ってエレベーターで地下に下り、隧道《とんねる》を抜けて滝の後に行くことが出来るようになっている事のように、その他種々の新しき巧妙な事を応用している。

バッファローからハートボ（フォ）ード、ここで五日間滞在して、ボストン見物に一日を費やした。ボストンはご承知の通り、古《いにしえ》は都だから、他の都市のように道路が整然とし、碁盤の目のようにはなっておらず、京都式でなく東京式だ。ニューヨークには七月末日〈正しくは六月末日〉に着いた。あたかも（まさに）暑い最中で、実に閉口した。毎日五、六人の死者を出す程の暑さで、夜と雖《いえど》も熟睡する事は出来なかった。

暑さにも驚いたが、さらに驚いたのは建築物の大なる事だった。現今、最も高いのが、メトロポリタンの五十三階、その他毅然として天を摩して立てるものが甚だ多く、宛然《えんぜん》（あたかも）マッチ箱を立てたような観を呈している。だから、風通しが悪いのみならず道路はアスファルトまたは石で固められているので、太陽の光線を反射する。したがって、温度以上に暑く、馬までが帽子を被っている。

ニューヨークからフィラデルフィア、バ（ボ）ルチモアにちょっと寄って、ワシントン府に行った。シカゴもニューヨークも商業地であるが、ここは政治の中心だから、市街がはなはだ立派で整然としている。大統領のホワイトハウスをも見物し、内田大使からは日本食のご馳走に預《あず》かった。帰途、セントルイス、ビュートミゾラ、スポーケンを経てシアトルに着いて、ここで同胞の歓迎を受けた。八月一日、同地を出発して海上を無事十七日間、再び母国の地を踏んだのである。

終りに臨んで、僕は自分の故郷である甲州の人たちに、運動、殊に野球趣味が普及し、選手諸君の熱心な練習と両方が相俟《あいま》って、何とか甲州野球界の健全な発達がなされることを強く望んでいる。

（終）

（註）原文では全ての漢字にルビがふられているが、ルビは筆者が必要と思えるものを残した。

第四章
三神吾朗『米国野球界の印象』を読み解く

一　早大野球部のアメリカ大陸遠征経路・期日の推定

図1は、これまで紹介してきた三神吾朗執筆の「記事」と、表2の「早大野球部の第2回アメリカ遠征全試合成績表」に記載されている「月日と対戦チーム」などをもとに作成したものである。

ここで、一つ不明な点がある。それは、早大野球部がシカゴ滞在中（約四十日間）の試合についてである。表2にあるように、早大はシカゴ滞在中（五月五日—六月十七日）、十九試合を行っているが、この場合、アイオワ大、ミネアポリス大、ウイスコンシン大、インディアナ大、バーデュー大などとの試合は、早大が各大学（のある都市）に遠征して行ったのか、それとも各大学がシカゴ大に遠征して来たのかどうかということである。

この点について、著者は当初、早大が各大学に行って試合をしたと思い込んでいたが、三神が「シカゴには四十日間も滞在した」と書いていることに改めて着目した結果、当初の思いを改め、対戦相手がシカゴ大に出向いて来たと考えることにした。実際、早大が各大学のある都市に度々遠征するとなると、その往復距離や所要日数・時間からしてとても無理だと思えた。

図1中の実線は、当時すでに開通していた大陸横断鉄道に沿って移動した都市間を結んだものであ

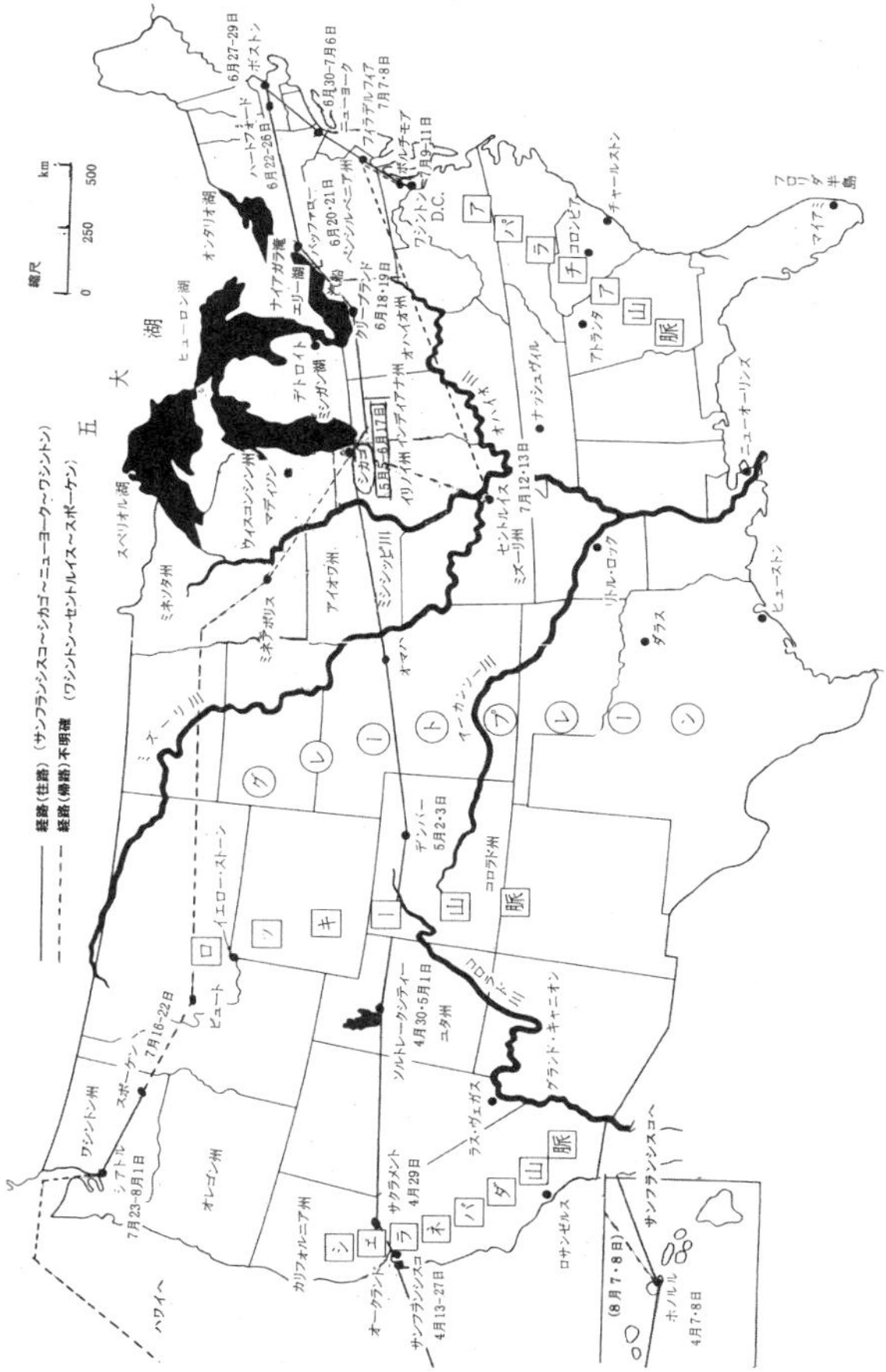

図1　早大野球部のアメリカ大陸遠征経路の推定（明治44年4月13日—8月1日）
—『早稲田大学野球部百年史　上巻』、三神吾朗『米国野球界の印象』（山梨日日新聞）、『社会科地図』（帝国書院）、笹田直人他編著『概説アメリカ文化史』「アメリカ地勢図」をもとに筆者作成

る。一方、帰りの経路については「記事（八）」に、ワシントンから「セントルイス、ビュートミゾラ、スポーケンを経てシアトルに着いた」と書かれているが、帰路については、往路のように経路を明確に把握できないので、予想される経路を破線で示した。

なお、当時の鉄道は、すでに一八六九年にはサクラメントからオマハ間二八二六kmが開通していたし、一八八三年にはシカゴからシアトル間が開通していたので、早大野球部はこれらの鉄道を利用して移動したと考えられる。もちろん、ニューヨークなどの大都市や首都ワシントンのある東海岸の鉄道は、すでに整備され開通していた。

第一章一で述べた通り、アメリカでは南北戦争（一八六一—一八六五）終了後、除隊した兵士たちが、建設が進む鉄道に乗って、またたく間にベースボールを全土に広めたとされている。早大野球部が遠征した一九一一（明治四十四）年は、南北戦争が終わってから約五十年も経っているので、アメリカの鉄道事情はかなり改善されていたと思われる。

二　三神吾朗『米国野球界の印象（一）—（八）』についての解説・論考

学生が新聞紙上に、連載記事を執筆することは、現在でもなかなかないことであろう。そんななかで、三神の八回にわたる連載記事は、文章も確かで分かりやすく、テーマに掲げた『米国野球界の印象』（以降、「記事」）が的確に書かれており、著者もその内容を十分に理解することができた。そこで以降は、三神の「記事（一）─（八）」について、著者の解説・論考を述べることにしたい。

「記事（一）」では、三神は今回のアメリカ遠征がシカゴ大の招聘によったこと、そしてそれは、前年早大がシカゴ大を招聘したことへのお返しだったと書いている。また、遠征メンバーは高橋部長と選手十四名であり、選手たちの出身地は日本全国に散らばっており、平均年齢は約二十二歳だったそうであり、三神は中堅手として選抜されたとのことである。

当時の早大野球部は、慶応と並び強豪チームだったことから、全国の中学校から優秀選手が集まっていたようである。

そこで、今回の遠征であるが、投手を三名（松田捨吉、大村隆行、山本正雄）にしているが、これは、明治三十八（一九〇五）年の早大野球部初のアメリカ（西海岸）遠征では、投手を一名（河野安通志）しか連れて行かなかったために、河野投手に多大な負担をかけたことへの反省からであり、賢明な対処だったと言える。

「記事（二）」では、アメリカ遠征する早大野球部を送別する様子が書かれている。送別会では「学校の応援団を代表して有名な吉岡将軍が送別の詞《ことば》」を述べたそうだが、この吉岡将軍とは、早大の初代応援団長の吉岡信敬《しんけい》（一八八五―一九四〇）のことである。

吉岡は、明治三十一（一八九八）年、早稲田中学に入学するも二度落第。明治三十七年、どうにか早稲田中学を卒業した。その後、一高・東京帝大コースを目指したが失敗し、早大高等予備校（後に早大）に入学した。明治三十八（一九〇五）年から、野次のリーダーとして頭角を現し、吉田、橘らと応援団を組織する。野次将軍、虎髭将軍と呼ばれたのはこの頃だったようで、やがて早大の名物応援団長となり、下級生からは「髭の小父さん」と呼ばれた。

吉岡は、バンカラを絵にかいたような学生生活を送っていたそうだが、明治三十九年十一月十一日、一勝一敗で迎えた早慶第三戦、早慶応援団の過熱した行動が危惧されて中止となる。このとき、早大応援団を率いたのが吉岡将軍だった。

さらに、この「記事（二）」からは多くの見送り人を後に、横浜港を出てからハワイに着くまでの船内の様子がよく分かる。また、当時流行していた目の検査〈註18参照〉が米国上陸後にあることから、「止むを得ず奮発してキャビン一等に乗った」とは驚いたが、船内でのいちばんのご馳走が「すき焼き」だったとか、乗務員が忠臣蔵の芝居をやったといった話は、実に面白く思った。

ところで、ハワイまで十日間という長い船旅は、辛いものだったろうと想像するが、心配になったのは、その間のトレーニングはどうしていたのだろうか？　ということである。体力づくりやダッシュ、キャッチボールやバットの素振りなどは行えたのであろうか？　ということである。また、当時の船内にはトレーニング場（室）はあったのだろうか？　こうしたことが知りたかったが、何も書かれていないのは残念だった。

「記事（三）」では、ハワイに到着。三神は前年、早大野球部のメンバーとしてハワイ遠征に加わっている。ハワイでは多くの知人が迎えてくれ、立派な望月ホテルに泊まり、久々に美味しい日本食を味わい英気を養えたようだが、すぐに翌日には、桑港（サンフランシスコ）に向けて出港している。日付変更線を越えて、いよいよサンフランシスコ（桑港）に上陸したのは四月十三日。横浜を出て十五日間、ハワイからは五日間の船旅だったことになる。

サンフランシスコでは、シカゴ大学代表者のページや早大野球部先輩の橋戸信など多くの出迎えがあったそうだが、シカゴでは何千人もの日本人移住者が働いており、中でも甲州（山梨県）人が多い所でもあった。

この山梨県人の北米（サンフランシスコ）への移住の歴史について、『山梨県海外移住史』には「本県の海外移住は、明治初期に笹子峠をこえて東京で学び海外の知識を習得した学生が、大きい希望をもつて北米に移住したことにはじまり、これら渡米した県人の成功した姿や通信などに刺激されて移住がつづいた。」（一頁）そして「北米移住者は、主としてサンフランシスコ（桑港）に上陸したが、明治二十五年には県人十二、三名が集まり、当時、東京に山梨の学習集団で山梨郷友会があったので、その支部をということで、桑港山梨郷友会が創立された。（略）その後、学生の渡米がさかんとなり、にわかに会員が増加した。」（二頁）さらにその後、「明治三十六年に在山梨会として設立をみた。」が、「大正四年に一部県人が在桑港山梨共励会を組織し共鳴者多く一大勢力となった」ことから、大正十一年に両会は集会を開き「名称を桑港山梨県人会と改め、初代会長に小池実太郎が就任、県人移民呼び寄せなどに活躍した。」（三頁）と書かれている。

早大野球部員たちは、サンフランシスコでは二週間滞在し、日本人町で同胞の大変な歓迎を受けたそうだが、三神はすでにあった「桑港山梨会」からも歓迎を受けたと思われる。

三神は、この地の排日熱が盛んであることやアメリカの人種差別について触れている。ただ、早大野球部がサンフランシスコを訪れる三年前の一九〇八年、カリフォルニア州には「日米紳士協定」が締結されたので、当地での排日熱は以前よりは収まっていたかもしれない。いずれにしても、早大野球部が排日被害に遭うことはなかったようなので、幸いだったと思う。〈註20参照〉

なお「記事（三）」には書かれていないが、サンフランシスコ・オークランド・サクラメントの四

月十七―二十九日、早大野球部は八試合を行っているが、成績は二勝五敗一分けだった。〈表2参照〉

「記事（四）」では、五月一日、ソルトレークシティーで一試合（対ユタ大学）を行った後、出発。一昼夜の汽車旅でデンバー市に到着し、ここでも同胞から歓迎を受けている。

そして、五月三日にはコロラド大と試合を行い、翌五月四日にはシカゴに向けて出発し、丸一日汽車に揺られて五月五日、ようやく目的地のシカゴに到着している。当時のシカゴは交通の要衝として急成長していて、ニューヨークに次ぐアメリカ第二の大都市だった。

シカゴ駅には、シカゴ大の教師や野球部選手たちが出迎えてくれたそうであるが、言うまでもなく、シカゴ大関係者が駅まで出迎えてくれたのは、明治四十三（一九一〇）年、早大がシカゴ大を招聘したお返しとして、今回シカゴ大が招待してくれたことによる。

早大野球部のシカゴ滞在は、約四十日間だったが、「この間、同胞及びシカゴ大学ならびに個人より招待された事、十数回に及んだ」そうである。

その中でも、シカゴ大の盛大な歓迎会は、総長をはじめ教授、学生を合わせて約千人の大集会だったそうである。他にも、ジャトソン総長宅に招待されたり、ストックヤード（牛豚等の供給場）会社の見物や食事会があったり、さらには清水領事代理及び青年会の饗応も受けたそうである。このように、シカゴ滞在中の早大野球部員たちは、多方面からの歓迎を受けて、さぞかし感激の連続だったことであろう。

今回の早大野球部のアメリカ遠征（のシカゴ滞在）を契機に、早大とシカゴ大との交流はいっそう深まり、早大は五年おきにシカゴ大を招聘することになったし、一九一六（大正五）年には、早大野球部は三回目のアメリカ遠征（三―七月）をすることにも繋がったのである。

さらに、両大学間の交流が深められただけでなく、著名な日本の体育・スポーツ指導者の岡部平太（一八九一―一九六六）や大谷武一（一八八七―一九六六）までもが、シカゴ大に留学して研究・研鑽を積むことにも繋がっていったのである。〈註26〉なお、吾朗の二歳上の兄・八四郎が、明治四十二（一九〇九）年に早大からシカゴ大に留学しており、八四郎はこのシカゴ大在学中にテニス技術を上達させている。

「記事（四）」には書かれていないが、シカゴ滞在中の早大野球部は、五月六日の対シカゴ大一回戦から六月一七日の対シカゴ大三回戦まで、合計十九試合を行い五勝十四敗の成績だった。〈表2参照〉なお、シカゴ滞在中の早大は、シカゴ大と三試合を行い三連敗している。昨年、シカゴ大が来日したときも、早大は六連敗していることから通算で九連敗。結局、早大はこれまで、シカゴ大には一度も勝てなかったのである。

当時のシカゴ大は、アメリカ中西部最強チームだったようで、早大はこのシカゴ大には全く歯が立たなかったということになるが、実はこれには続編がある。

大和球士『日本野球史　明治篇』によると、打倒シカゴ大の悲願達成を目標にした早大野球部主将の飛田忠順〈註2参照〉は、大正八（一九一九）年に監督に就任すると、「あくまでシカゴ大学に勝つことにすべてを結集した飛田の執念がついに実り、大正十四年に、シカゴ大学を迎えて、二勝一敗で勝ち越して念願を果たすと、何の未練もなく早大監督の座を去った」（二六三頁）ということである。

「記事（五）」では、三神ははじめてアメリカのベースボール界について書いている。

三神は、ベースボールはアメリカの国技であり、その歴史は日本の数倍の長さを持っているとしつつ、アメリカには野球を職業にしているプロ選手が多くいるとしている。そして、このプロ野球組織として二大リーグの存在、つまりアメリカン・リーグとナショナル・リーグがあることを紹介している。

三神は、この二大リーグ制について、日本の大相撲に例をとって説明しているが、日本にはまだプロ野球がなかった時代、日本人への説明として、分かりやすかったと思う。

さらに、三神はアメリカのプロ・リーグ機構について説明しているが、当時は二大リーグ制が始まってから八年経ったところである。

三神は、まず大リーガーのスカウトについて、また選手に支払われる年俸について、さらには野球団や支配人、コーチについて書いており、その的確さに感心する。

三神は、いつどこで何から大リーグについての知識を得たのであろうか？　と思うが、いずれにしても三神がアメリカのプロ野球界について、相当強い関心を持っていたことは確かであろう。

これはあくまで推測だが、三神は遠征中、できれば大リーグの試合を観戦したかったに違いない。しかし、当時の大リーグは白人以外受け入れなかった時代で、日本人などの観戦は当然ながら許されるはずなかった。三神の「記事」の中に、大リーグ観戦という記述がないのは当然のことである。

ところで、三神は「第一流野球団」（大リーグ球団）は、比較的大都市にあると書いている。そこで補足しておくと、当時はア・リーグ、ナ・リーグとも各八球団（チーム）から成っていた。

ア・リーグは「フィラデルフィア、デトロイト、クリーブランド、シカゴ、ボストン、ニューヨーク、ワシントン、セントルイス」の八球団で、ナ・リーグは「ニューヨーク、シカゴ、ピッツバーグ、フィラデルフィア、セントルイス、シンシナティ、ブルックリン、ボストン」の八球団だった。これから分かるように、「ニューヨーク、シカゴ、ボストン、フィラデルフィア、セントルイス」には、ア・

リーグとナ・リーグ両方に一球団ずつの二球団があった。

ちなみに、一九一一年シーズンのリーグ戦では「ア・リーグはフィラデルフィアが１０１勝50敗、ナ・リーグはニューヨークが99勝54敗で優勝している。」（内田隆三『ベースボールの夢』一七〇頁）とのことである。

三神は、米国の野球見物は日本相撲よりも大仕掛けであり、「ニューヨークには五万人以上を収容できるスタンドがあるし、他にも二、三万人が入れる所もある」と書いている。

また、大リーグの経営は、入場料は全部リーグが取って各球団に分配し、球団は選手に分配支払いをすることになっていて、例えば選手の給料は「二千ドル（四万円）以上一万五千ドル（三万円）止まりだ」と書いている。さらに選手は、十一月からのオフの間は、コーチもできるので、これから得られる収入もあるし、もちろん試合に行くためにかかる諸費用は一切払う必要がなく、立派なホテルに宿泊して贅沢三昧していると、あまりに恵まれ過ぎている大リーガー（プロ選手）の待遇に、三神はあきれていたようである。なお三神によると、「入場料は二十五セント（五十銭）ないし一ドル（二円）」であり、好ゲームほど観客が多くなると言っている。

次に三神は、アメリカの学生野球について書いている。三神は、各大学には必ず野球部があり、その技量ややり方はプロ球団とは異なっている。例えば、大学には部長がいて、優秀なコーチがいるが、このコーチの良し悪しがチーム力を左右する。どの大学も野球を強化しようとしているので、その実現に向けて全力でバックアップしている。運動（野球）場が広大で設備も完全に整えられているのはこのためであると説明している。

こうしたアメリカの大学野球の充実ぶりに、三神は驚嘆する他ないと舌を巻いている。

「記事（六）」では、三神はアメリカの大学の素晴らしさについて書いている。例えば、大学には必ず立派な運動場やジムナジュウム（屋内運動場）、さらには水泳場（冬期の運動場にもなる）があるし、舞踏場や演説場、舞台まであることや、また大学が閑静な緑多い環境に恵まれた地にあることを、三神は羨ましく思っている。

参考までに、橘京平著『直向きに勝つ』の中に、大正六（一九一七）年ごろのシカゴ大の運動施設についての記述がある。それによると、シカゴ大学には「四方を囲む五〜七万人収容のスタンドと広大なグラウンド、四百メートルトラック、そして体育館があった。（略）特に、スタッグ・フィールドは最先端で、メーン、バックスタンドの下には、陸上の練習場があった。両スタンド席の地下にはプールとスケート場もあった。（略）総合的なスポーツスタジアムだった」（六十七・七十二―七十三頁）

と述べられている。

写真15は、その当時のスタッグ・フィールドである。残念ながら野球場についての記述はないが、おそらく大学敷地内には、立派な野球場も備えられていたと思われる。

表4は、今回早大野球部が対戦した大学の創立年や所在地について示したもので、どの大学も由緒ある大学である。三神らが訪れた大学のキャンパスは、早大をはじめ日本の大学とは比較にならない程、広大かつ恵まれた環境下にあったばかりか、充実した施設や設備が整えられていたことであろう。三神たち早大野球部員は、アメリカの大学の素晴らしさに驚くとともに感動したに違いない。

ところで、アメリカの大学では優秀な選手をスカウト

写真15　大正6（1917）年ごろのシカゴ大学スタッグ・フィールドのスタジアム（5～7万人収容のスタンド）

表４　早大野球部が対戦した大学の所在地・対戦月日・創立年

大学名	所在地	対早大戦月日 (1911 年)	創立年
スタンフォード大	スタンフォード市	4月19日	1885年・私立
サンタクララ大	サンタクララ市	4月20日	1851年・私立
カリフォルニア大	オークランド市	4月22日	1868年・州立
ユタ大	ソルトレークシティー	5月1日	1850年・州立
コロラド大	ボルダー市	5月3日	1876年・州立
シカゴ大	シカゴ市	5月6日・6月3・17日	1890年・私立
ノックスカレッジ	イリノイ州ゲイルズバーグ	5月10日	1837年・私立
ノースウェスタン大	シカゴ郊外	5月13日	1851年・私立
アイオワ大	アイオワ市	5月23・24日	1847年・州立
＊ミネアポリス大	ミネソタ州・ミネアポリス市	5月26・27日	…………
ウイスコンシン大	マディソン市	5月29・30日	1848年・州立
イリノイ大	イリノイ州	6月1日	1867年・州立
ベロイットカレッジ	ウィスコンシン州ベロイト	6月6日	1846年・私立
インディアナ大	インディアナ州	6月10日	1820年・州立
バーデュー大	インディアナ州	6月12日	1869年・州立
オベリンカレッジ	オハイオ州オーバリン市	6月19日	1833年・私立
マンハッタンカレッジ	ニューヨーク	7月1日	1853年・私立
ペンシルベニア大学	フィラデルフィア	7月8日	1740年・私立

『早稲田大野球部百年史　上巻』、『Google』検索により、筆者作成。
＊ミネアポリス大は存在しない。ミネアポリス市にあるミネソタ大(1851・州立)と思われる。

することができるので、設備に恵まれている上に、優秀なコーチを雇えることから、優れたチームを作り上げることができる。それには、巨額な費用がつぎ込まれているからで、三神は日本の大学が、アメリカのやり方を応用するのは、極めて難しいことだと言っている。

ただ、ここで注目すべきことが書かれている。それは「野球選手である者には、必ず成績にある制限を設けている。もしこの制限以下の成績であれば、選手の資格がないようにしてある。」ということである。この制度は今日に至るまでずっと続いているようだが、この制度はプロとの境界を明確にすることと同時に、学生の本分である勉強をおろそかにしてはならないということを知らしめるためにも、必要な制度だと考える。

さらに、三神は野球観戦における入場料について触れている。日本の某新聞は、学生が入場料を取って試合をするのは、野球を興行（見せ物）視することになるので問題だと批判していることに対して、三神は米国野球団を招待し、両国の親善を図るという意味で試合をするのは、全く商売的ではないので、入場料を取ってその費用に充てるのは非難すべきではないと言っているのは、その通りだと思う。

〈註23参照〉

「記事（七）」では、今回の遠征試合を通して、三神は、米国野球の技量は遥かに日本の大学チームより優れており体格、体力（走力）、打撃力、投手力どれをとっても明らかに実力は上だったと認めている。しかし、アメリカの大学チームは、試合の出だしが上手くいかないと調子が狂い、実に目も当てられなくなるという欠点があることを指摘している。この点、実力の劣る早大チームが十七勝もすることができたのは、精神力の強さ（大和魂）と、フィールディング（守備）の良さからだったと言っている。

三神は、今回の遠征試合を通して、チームを強くするためには「まずは投手力の強化であり、投手が上手くなれば、打撃も強くなる。」との持論を述べているが、昨今の日米の野球を概観したとき、三神のこの考えは誠に的確であり、三神の野球技能に対する洞察力の鋭さに感心させられる。

また三神は、わが国の野球歴はアメリカと比較するとまだ浅い。よって今劣っているのは当然だが、これから数十年後には必ず追いつけると言っている。さらに、野球というものは体育上、精神上、この上ない有効な遊戯（ゲーム）なので、ますます発展させるべきであると言っている。〈著者傍線〉現在、日本の野球は人気の高いスポーツとして発展しているし、またその実力も非常に向上しているので、三神の願望はほぼ叶えられていると言えよう。

ところで、ここで驚いたことがある。それは、三神が（右傍線の）「体育」という、当時の日本ではまだ使われていない語を使用していることである。体育という語は、第二次大戦後の日本の新しい教育の中で、はじめて使用された教科名のはずなのだが、三神はその語をすでに使用しているのである。三神は「physical education」を翻訳したと考えられるが、誠に的確な訳に感心するし、ひょっ

としたら、「体育」という語をはじめて使った日本人は、三神吾朗だったということになるかもしれない。〈註24参照〉

「記事（八）」では、一行はシカゴに約四十日間滞在したのち、六月十八日にシカゴ市を出発して東部に向かい、エリー湖畔にあるクリーブランドに到着。ここから汽船でバッファローに行き、一日中ナイアガラ瀑布（滝）を観光している。ここでは、瀑布（ナイアガラの滝）の壮大さはもちろんであるが、地下に降りるエレベーターなどの人工的設備のすごさに驚いている。

さらにバッファローからハートボードへ、ここで五日間滞在した後、古都ボストン見学に丸一日を費やし、六月三十日にニューヨークに到着している。三神ら選手たちはニューヨークの夏の猛暑に閉口したようだが、ニューヨークの高層ビル群にはさすがに驚嘆したようである。

ニューヨークからフィラデルフィア、バ（ボ）ルチモアに寄って、ワシントン府に到着。ワシントンはシカゴやニューヨークの商業地と違って、政治の中心地であり、市街ははなはだ立派で整然としていたとの感想を述べている。ここでは大統領のホワイトハウスを見学し、また内田大使からは日本食のご馳走にあずかったそうである。

そして帰途は、セントルイスからビュートミゾラ、スポーケンを経てシアトルに到着。ここでも同胞の歓迎を受けている。この後、八月一日にシアトルを出港し、十七日間の航海を経て、無事母国の地を踏んだということである。

ここで一つ疑問なのは、どうしてわざわざ帰路から外れた（と思われる）遠方のセントルイスに立ち寄ったかということである。試合のために行ったのであれば、何の疑問もわかないのだが、しかしセントルイスで試合をした形跡はない。〈表2参照〉

そこで思い起こしたのは、今回の早大野球部の遠征では「中止一」があったということである。〈本書三十三頁参照〉つまり、早大野球部がセントルイスに行ったのは、セントルイスにある大学と試合をするためだったが、何らかの不都合が生じて急きょ中止になったということではなかろうか？　もちろん、これはあくまでも筆者の推測であり、事実は不明である。

ところで、この「記事」には書かれていないが、早大野球部は六月十八日にシカゴを出てから七月三十一日まで二十四試合を行っており、成績は九勝十五敗だった。この中で一つ注目したい試合がある。それは七月二十八日の対シアトル日本人連合軍との試合である。実はこのチームには、甲府中学野球部で三神と同期だった丸茂義明〈註5参照〉が所属しており、ふたりは久々の再会を果たしたと思われる。

今回の早大野球部のアメリカ遠征では、七月三十一日の対メーンハンド戦が最後だったが、約百日間で五十三試合を行い、十七勝三十五敗一分けの成績〈表2参照〉だった。移動距離（船舶・汽車）が非常に長く〈図1参照〉試合日程的にも大変厳しいものだったと推測される。その上に、各地での歓迎会や観光が加わっていたことを考えると、早大野球部員にとっては、非常に過酷なアメリカ遠征だったに違いない。

しかも、早大野球部が遠征した頃のアメリカは、ジョージア州アトランタやイリノイ州スプリングフィールドで黒人暴動が起きていたし、白人による黒人へのリンチ事件も各地で起きていた。また、サンフランシスコでは排日熱もあった。こんな社会情勢の中で、選手たちに「福長の負傷や微庸《びよう》（軽い病気）」があり苦戦することはあったものの、これといった大きな事故やトラブルに巻き込まれることもなく無事に、しかも野球では大きな成果を上げて帰国した早大野球部を大いに称賛したいと思う。

三神吾朗は連載「記事（一―八）」の執筆を終えるにあたって、故郷の甲州（山梨）に野球が普及し、選手たちの熱心な練習と相俟《あいま》って、甲州野球界が健全な発達を遂げてくれることを望んでいると書いている。

以上、三神が執筆した『米国野球界の印象』について、著者の解説・論考を述べてきたが、三神執筆の「記事」からは、アメリカにおける早大野球部の移動や活躍の様子が、手に取るように分かって興味深かった。また、当時のアメリカの大リーグ制や大学野球の実態を詳しく把握していることに感心した。さらには、当時のアメリカの鉄道、都市、大学、社会の実状についても触れられており、読者の関心をひく読み物になっていたように思う。

読者の皆さんには、ここで改めて「第三章」をお読みいただければと思う。

最後に、当時、山梨日日新聞のこの連載「記事」を読んだ人たちは、いったいどんな感想を持たれたのであろうか？　おそらく、この明治という時代に、早大野球部がアメリカに遠征したことに、まずは驚かれたのではなかろうか。そして何よりも、そのメンバーの中に、甲府（中学校・現一高）出身の三神吾朗という選手がいたということにも、驚かれたのではなかろうか。さらには、日本に比べて様々な点で進歩、発展している近代アメリカという国の実状に、感心されたのではなかろうかと思う。

〈三神吾朗年表〉

一八八九（明治二十二）年　十一月六日、山梨県中巨摩郡大鎌田村（現甲府市大里町）に三神家十一人姉妹・兄弟の五男として生まれる。

一八九二（明治二十五）年　▲慶應義塾体育会（野球部）発足（五月）。

一八九四（明治二十七）年　☆日清戦争（七月二十五日―一八九五年四月十七日）。

一八九六（明治二十九）年　▲初の国際試合（一高対横浜居留外国人）一高三連勝。

一九〇二（明治三十五）年　甲府中学校入学、同野球部入部。
▲早大野球部創部（八月）。

一九〇三（明治三十六）年　▲早慶戦開始（十一月二十一日）。
△メジャー・二リーグ制（NL・AL）開始。

一九〇四（明治三十七）年　☆日露戦争（二月八日―一九〇五年九月五日）。

一九〇五（明治三十八）年　▲早大野球部、初のアメリカ遠征（四月二十九日―六月十二日）。

一九〇六（明治三十九）年　▲一高・三高対校戦開始（四月六日・一高校庭）―昭和二十三（一九四八）年まで三十八回開催。
▲早慶戦中止（十一月十一日―以降十九年間）。

一九〇七（明治四十）年　早大野球部（山脇捕手、小川中堅手）の指導を受ける（夏）。

一九〇八（明治四十一）年
日川中学、山梨師範と対戦。長野県に遠征し諏訪中学と対戦（秋）。

甲府中学校卒業。早稲田大学入学、同野球部入部。

▲早大野球部、シアトル・ワシントン大学野球部を招聘。

一九〇九（明治四十二）年
▲立大野球部創部。

一九一〇（明治四十三）年
早大野球部レギュラーとなり、学習院との対校一・二回戦に出場し活躍（五月七日・二十二日）。

早大野球部二回目のハワイ遠征に加わる（六月二十二日—八月二十二日）。

早大野球部シカゴ大学野球部を招聘（十月）—シカゴ大学戦五試合に出場し活躍。三高戦（十月三十日）に出場し活躍。

▲明大野球部創部（十一月）。

一九一一（明治四十四）年
早大野球部二回目のアメリカ遠征に加わる（三月二十八日—八月十七日）。

山梨日日新聞に『米国野球界の印象（一—八）』を執筆（八月二十五日—九月二日）。母校野球部の夏季練習を指導。

▲慶大野球部、初のアメリカ遠征（四月十九日—八月十二日）。

一九一二（明治四十五）年
（大正元）年
▲京都帝大主催の第一回高等専門学校（現大学）野球大会開催（十二月二十五—二十九日・京大優勝）。
早大野球部マニラ遠征に加わる（二月三—十日）。
対一高戦、一番バッター・ショートで出場し、四対〇で早大勝利（五月十一日）。
早稲田大学卒業。
△第五回ヘルシンキ・オリンピック大会に日本選手二名（三島弥彦、金栗四三）初参加（七月六—十五日）。

一九一三（大正二）年
イリノイ州・ノックスカレッジ入学、同野球部入部。

一九一四（大正三）年
＊プロ球団オール・ネイションズ（夏季休暇中）所属。
▲慶大野球部、二回目のアメリカ遠征（三月二十八日—六月十七日）。
▲明大野球部、初のアメリカ遠征（六月十七日—十月十九日）。
▲三大学（早大・慶大・明大）リーグ結成。
☆第一次世界大戦（七月二十八日—一九一八年十一月十一日）。

一九一五（大正四）年
ノックスカレッジ野球部キャプテン就任。

▲法大野球部創部。
＊プロ球団オール・ネイションズ（夏季休暇中）所属。
▲第一回全国中等学校優勝野球大会開催（豊中市・八月十八―二十三日）―現在の全国高等学校野球選手権大会（夏の甲子園）に至る。

一九一六（大正五）年　イリノイ大学大学院入学（経済学専攻）。
▲早大野球部、三回目のアメリカ遠征（三―七月）。

一九一七（大正六）年　三井物産ニューヨーク支店入社。

一九二〇（大正九）年　▲日本初のプロ野球「合資会社日本運動協会」設立。

一九二一（大正十）年　美代子（二十歳）と結婚。

一九二三（大正十二）年　☆関東大震災（九月一日）。

一九二五（大正十四）年　三井物産大連支店に転勤（セメント部主任）。
甲府中学校を訪問し、野球部を激励（春）。
▲東京帝大が加盟し、東京六大学野球リーグ開始（早慶戦復活）（九―十一月）―現在に至る。

一九二九（昭和四）年　☆世界大恐慌（―一九三〇年代後半）。

一九三一（昭和六）年　☆満州事変（九月十八日―一九三三年五月三十一日）。

一九三五（昭和十）年　▲甲府一高、全国高校野球選手権大会（甲子園）初出場。〈昭和三十六（一九六一）年二回目、昭和四十三（一九六八）年三回目出場〉。
△山梨県飯田野球場誕生（五月）。
一九三六（昭和十一）年　三井物産ハルピン支店に転勤。

一九三七（昭和十二）年　☆盧溝橋事件（七月七日）―日中戦争。

一九三九（昭和十四）年　三井物産ハルピン支店砂糖部長（十二月）。
☆第二次世界大戦（九月一日―一九四五年九月二日）。
一九四〇（昭和十五）年　☆アジア太平洋戦争（十二月八日―一九四五年八月十五日）。

一九四四（昭和十九）年　三井物産退社（十一月九日）。

一九四六（昭和二十一）年　☆日本国憲法公布（十一月三日）、翌年五月三日施行。

一九五〇（昭和二十五）年　▲初のプロ野球セ・リーグ、パ・リーグ開幕（三月）。

一九五八（昭和三十三）年　六月二十四日、死去（六十八歳）。


〈＊印については第二章七参照〉

〈註釈〉

〈1〉熊谷一弥《いちや》（一八九〇―一九六八）は、一九二〇（大正九）年四月二十日、第七回アントワープ・オリンピック大会のテニスで、シングルスに出場し銀メダルを獲得、また柏尾誠一郎と組んだダブルスでも銀メダルを獲得した。この銀メダルこそ、オリンピック史上日本初のメダルだった。（柳下芳史『西洋スポーツ事始め』一六六頁）

〈2〉飛田忠順（一八八六―一九六五）は、水戸中学から明治四十（一九〇七）年早稲田大学入学。早大野球部では強打の名二塁手として活躍（明治四十一―四十三年）。早大野球部監督（大正九―十四年）。大正十五＝昭和元（一九二六）年、朝日新聞社に入る。飛田穂洲《すいしゅう》の名で『野球人国記』（一九三一）を著すなど、野球評論家として健筆を振るう。「学生野球の父」。一九六〇（昭和三十五）年「野球殿堂（特別表彰）」入りを果たす。（『野球殿堂２０１２』十一頁）

〈3〉明治三十二（一八九九）年四月、「中学校令」の改正で、校名が山梨県中学校となった。翌年、新校舎の開校式が行われ、校舎は現在の山梨県庁舎全域に相当し、通常教室、特別教室、講堂、寄宿舎などが整備された。明治三十四（一九〇一）年四月、山梨県第一中学校と改称し、明治三十九（一九〇六）年六月一日、山梨県立甲府中学校となり、校旗を樹立した。以後、この校名は終戦まで長く続いた。（甲府一高同窓会編『写真集　百年のあゆみ』二十五頁）

〈4〉明治二十年代後半から明治三十年代にかけて、関東地方の中学校で野球部があったのは、東京では郁文館中、独逸協会中、高師附属中、正則中、明治学院、青山学院、学習院、城北中。神奈川県では横浜商、栃木県では宇都宮中、茨城県では水戸中だった。（大和球士『日本野球史　明治篇』七十三頁）

〈5〉三神吾朗と甲府中学野球部の同期だった丸茂義明は「甲中を卒業した明治四十一年五月、米国シアトル港に上陸。（略）名目はアメリカ遊学だが、丸茂の胸の底には『本場の野球技術とルールを研究したい』という希望が秘められていた。日本人商社に職を得た丸茂は甲中野球部員の前歴がものをいってシアトル日本人会野球チームのサードにむかえられ、毎日曜日にシアトル大学やノン・プロチームと対戦した。また大正三年にははるばる故国に遠征、慶応や早稲田とも戦った。こうして十年間在米、本場の野球を身につけた丸茂は大正七年（略）兄の急死で（略）酒販業八

田屋をつぐことになった。」（山梨時事新聞社編『甲一物語』一〇〇—一〇一頁）
帰国後の丸茂は、甲府中学野球部をコーチし支援を続けた。また、試合では名審判ぶりを見せた。甲府野球協会副会長、県野球連盟会長を務めた。

〈6〉当時の甲府中学校は現在の県庁の場所にあって、城跡の一角に運動場があった。〈写真2参照〉「旧甲府場内の校庭（グラウンド）は石ころが多く、ひどい状態だった。」（『甲府中学・甲府一高野球部史』十五頁）が、「大正十四（一九一五）年春、石垣をけずって少しは良くなった坂の（ない）グラウンド」（十六頁）になった。その後、昭和三（一九二八）年、甲府一高が現在の甲府市緑が丘に移転・新築されたときの「十一月大グラ（ウ）ンド落成」（『創立五十周年記念誌』五十四頁）となった。

〈7〉一八八六（明治十九）年の帝国大学令で、高等中学校を設置することが定められた。なお、表1—2にある一高は現・東京大学、四高は現・金沢大学、七高は現・鹿児島大学、八高は現・名古屋大学にあたる。参考までに、二高は現・東北大学、三高は現・京都大学、五高は現・熊本大学、六高は現・岡山大学にあたる。

〈8〉安部磯雄（一八六五—一九四九）は、明治三十四（一九〇一）年に早大野球部を創設し初代野球部長となった。福岡県出身、同志社大（当時は同志社英学校）卒で経済学者。安部は明治三十八（一九〇五）年、日本野球界初の早大野球部のアメリカ遠征を実現させたが、早大のみならず、日本（学生）野球の発展にも尽力したことから、「日本野球の父」や「学生野球の父」と称された。一九五九（昭和三十四）年に野球殿堂入りしている。（拙著『日本野球の源流』一五三頁、二一九—二二〇頁）

〈9〉佐山和夫『ジャップ・ミカドの謎』は、『早稲田大学野球部　栄光の軌跡』（別冊週刊ベースボール）に掲載された早大アメリカ遠征時の成績表を、一二七頁に引用している。しかし、この成績表には五月一日、五月九日、五月二十日の三試合に、勝敗が逆という間違いがある。また、七月二十八日の第二試合（対シアトル日本人連合軍）が記載されていない。

〈10〉この遠征は「早稲田大学野球部とテニスの朝吹譲吉、山崎健之丞がマニラのカーニバル祭に参加」しており、これが「フィリピンとのスポーツ交渉のはじめ（二月三日—一〇日）」（大谷要三『年表式　近代スポーツの歴史』四十七頁）だった。

〈11〉当時、白人以外は大リーガーにはなれなかった。そこで一九二〇年、ニグロ・リーグができたが、二〇二一（令和三）年、このリーグは百周年を迎えた。アメリカの二大リーグ制が確立されたのは一九〇三（明治三十六）年であり、「ナショナル・リーグに、黒人選手J・ロビンソンが初めて入団したのは一九四七（昭和二十二）年」のことだった。（岸野雄三ら編『近代体育スポーツ年表』一八七頁）

ところでこの度、アメリカMLBは「一九二〇年から四十八年までの黒人リーグの選手と成績を大リーグの歴史に加えるという方針」を発表した。（『朝日新聞』二〇二〇年十二月十九日付「天声人語」）当時の黒人（ニグロ）リーグの実力は「大リーグとの対戦では非公式試合ながら黒人リーグが大きく勝ち越している」そうであり、また「大リーグの本塁打記録はバリー・ボンズの七百六十二本だが、米国にこれを大きく上回る選手がいた。十七年間で放った本塁打は九百本とも伝わる。戦前の名捕手、ジョシュ・ギブソン」という黒人選手がいた。（『東京新聞』二〇二〇年十二月二十一日付「筆洗」）しかし、このギブソンの記録は大リーグ記録として認められないようである。

〈12〉「ニグロ・リーグでのカンザスシティー・モナクスの活躍ぶりはすごい。優勝した年を挙げると（略）一九二三、二四、二五、二九、三七、三九、四〇—四二、四六の十回。（略）ニグロ・ワールド・シリーズも四回出場して二回優勝した。」（佐山『前掲書』二三〇頁）

〈13〉佐山和夫（一九三六—）は二〇二一年一月十四日、日米の野球史を題材とした作品を数多く発表、また一九九九年から日本高野連の顧問を務め、選抜高校野球大会「二十一世紀枠」の創設に携わるなど、日本野球の発展に大きく貢献しことが認められ、野球殿堂（特別表彰）入りを果たした。（『東京新聞』二〇二一年一月十五日付）

〈14〉「日本人の移民は十九世紀後半から始まり、二十世紀初頭にはサンフランシスコで三万人近くに急増。しかし、日清、日露と日本が戦勝を重ねる中で、欧米では中国に加えて日本を脅威とみなす『黄禍論』が広まり、白人たちは敵対心を募らせていく。それが差別の意味を込めた『ジャップ』という呼び名につながったとされる。」（橘京平『直向きに勝つ』七十五頁）

〈15〉実は『米国野球界の印象』の執筆者名は「三神五郎」となっているが、『創立五十周年記念誌』（三四八頁）の「明治四十一年（第十九回）卒業生名簿」には「三神吾朗」とある。また『甲府第一高等学校同窓会会員名簿（二〇二〇年版）』の明治四十一年度卒業（第十九回）生名簿も「三神吾朗」（四十三頁）となっている。よって、本書では正しい氏名の「三神吾朗」に統一した。

〈16〉明治四十三（一九一〇）年、早稲田大学はシカゴ大学を招聘している。シカゴ大は来日中（十―十一月）十試合を行い、早大に六勝〇敗、慶応に三勝〇敗、稲門会に一勝と十連勝している。（拙著『日本野球の源流』一八一頁）

〈17〉安部部長〈註8参照〉が遠征に同行しない理由として、「家事上の都合」だと書いてあるが、実際は三月十四日、「早大野球部憤擾《ふんじょう》（もめ事）、渡米選手人選問題から安部部長辞職」（岸野雄三ら編『近代スポーツ年表』一一五頁）が真の理由だった。

〈18〉上陸後に「目の検査がある」とは、当時流行していたトラホーム（トラコーマ）のことである。トラホームとは眼感染症（伝染性慢性結膜炎）のことで、当時、日本国中に蔓延し失明者が多く出ていた。明治四十二（一九〇九）年の徴兵検査では、罹患者が二十三％以上もあったそうで、日本では一九一九（大正八）年三月二十七日、トラホーム予防法が公布、翌年には（財）日本トラホーム予防協会が設立され、本格的に治療と予防、撲滅運動が推進されて成果を上げた。今はほとんど見られなくなっているが、戦前までは恐ろしい病気の一つだった。

〈19〉「壺坂《つぼさか》霊験記《れいげんき》」は、明治時代に作られた浄瑠璃の演目。盲人とその妻の夫婦愛を描いた世話話、一段。歌舞伎や講談、浪曲の演目にもなり、人気を集めた。

〈20〉アジアから最初に移民した中国人は、大陸横断鉄道の建設などで重要な役割を果たしたが、安い労働力と異質な風習などで、白人労働者層の強い排斥を受け、一八八二年に入国拒否の法律が成立した。その後の安い労働力を補って入国して来たのが日本人移民だった。一八八五年には、カリフォルニアで日本語の「東雲《しののめ》新聞」が創刊されるほどになった。日本人は鉄道建設、鉱山開発、農地開拓など、実によく働いたようだ。

一九〇〇年になると、日本人は太平洋岸三州で、一万六二七六人になり、その後も激増していくにつれ、カリフォルニアでは「黄禍論」が頭をもち上げてきた。黄色人種が勢力をもつことを嫌う、これも一種の白人優越思想だが、一九〇六年、サンフランシスコで大地震が起こったのを契機に、同市はアジア人学童排斥法案を成立させた。これは白人学童の学校から分離させようとするものだった。これが外交問題に発展したため、時の大統領シオドア・ローズヴェルトが日本とカリフォルニア州間の調停に入り、紳士協定を締結させた。これによって、日本人移民の自主規制と、学校分離の中止が決定された。（猿谷要『歴史物語　アフリカ系アメリカ人』一四七―一四八頁）

〈21〉「モルモン教徒は、一八四六―四七年、ソルトレークに集団移住」（笹田直人他編『概説アメリカ文化史』三二四頁）している。

〈22〉ナショナル・リーグとアメリカン・リーグのメジャー二リーグ制（ＭＬＢ）が成立したのは、一九〇三（明治三十六）年のこと。日本ではこの年、早慶戦が始まった。

ちなみに、日本人初の大リーガーは、山梨県大月市出身の村上雅則（一九四四―）投手で、一九六四・一九六五年、南海ホークス（法政二高出）からジャイアンツ傘下のフレストに野球留学したのちに、サンフランシスコ・ジャイアンツに入団した。村上選手のＭＬＢでの成績は、五十四試合五勝一敗九セーブ、防御率三・四三だった。帰国後は南海、阪神、日本ハムで活躍し、通算五六六試合一〇三勝を上げている。

〈23〉日本で最初に有料試合が行われたのは、明治四十（一九〇七）年十月三十一日の慶応対ハワイ・セントルイス戦。慶応は、セントルイス球団を招待するための費用を得るために入場料を徴収した。「その入場料は60銭、30銭、10銭で、当時の貨幣価値からして決して安いものではなかった。」なお、この試合は延長十三回の末、慶応が五対三で勝ったが、通算（五試合）では二勝三敗と負け越した。（拙著『日本野球の源流』一七六―一七七頁）ちなみに『山梨県史』には「大正十四年の法政大学対オール甲府の野球戦で、はじめて入場料を徴収した」（七二五頁）とある。

〈24〉三神は「わが日本の野球史は、二十年足らず…」と書いているが、これは間違いで、日本の野球は明治五（一八七二）年に伝来してから、明治四十四（一九一一）年では、すでに三十九年経っている。三神は、明治二十三（一八九〇）年ごろからの新ルールによる野球が、日本野球の始まりだと思っていたのかもしれない。

〈25〉当時の身体教育は、文部省と陸軍が作成した『学校体操教授要目』によって、スウェーデン体操の原理で「体操科」の授業が行われていた。この体操は、教師中心の号令・命令による画一的な指導だったので、富国強兵策下においては、この号令・服従の学習形態は格好なものだった。一方、「体育」は昭和二十二（一九四七）年からの民主主義教育（「教育基本法」・「学校教育法」の施行）が始められた中で、はじめて使用された。この語はPhysical Education訳の「身体教育」からの造語である。しかし三神が当時、すでにこの「体育」を使用していたことには大変驚かされる。

〈26〉岡部平太（一八九一―一九六六）は一九一七（大正六）年、留学先のシカゴ大学のスタッグ教授から、アメリカン・フットボールを学び日本に伝えた。また、スポーツにおける科学的トレーニングを導入した近代コーチの祖でもある。柔道八段、剣道五段でありながら、陸上やマラソンコーチとして、ボストン・マラソンで田中茂樹らを優勝させたり、一九六四年の東京オリンピックの陸上強化コーチを務めたりしている。（橘京平『直向きに勝つ』）

岡部の他、東京高等師範学校助教授だった大谷武一（一八八七―一九六六）（後に同校教授から東京教育大学初代体育学部長）も、一九一七（大正六）年にシカゴ大学に留学している。大谷はソフトボールやハンドボールを日本に伝えた人物であり、またラジオ体操第一の考案者でもある。さらには、デッドボールをドッジボールに改名して学校に広めたことでも知られている。

〈引用・参考文献〉

服部喜久雄編『一高対三高野球戦史』旧一高三高野球部有志協賛（一九五四）
石垣尚男『スポーツと眼―スポーツは目からはじまる』大修館書店（一九九二）
鶴城野球倶楽部編『甲府中学・甲府一高野球部史』（一九八三）
岸野雄三・成田・大場・稲垣編『新版　近代体育スポーツ年表』（第五版）大修館書店（一九九〇）
三神吾朗『米国野球界の印象（一―八）』山梨日日新聞（一九一一）
大谷要三『年表式　近代スポーツの歴史』ぎょうせい（一九九〇）
岡野進『日本野球の源流―ベースボールの誕生・伝来から明治野球の発展へ』右文書院（二〇二〇）
岡野進『新版　概説スポーツ―スポーツ理論を学び、考える』創文企画（二〇一〇）
猿谷要『歴史物語　アフリカ系アメリカ人』朝日新聞社（二〇〇〇）
笹田直人・堀・外岡編著『概説　アメリカ文化史』ミネルヴァ書房（二〇〇二）
佐竹弘靖『スポーツの源流』文化書房博文社（二〇〇九）
佐山和夫『ジャップ・ミカドの謎―米プロ野球日本人第一号を追う』文藝春秋（一九九六）
橘京平『直向きに勝つ―近代コーチの祖・岡部平太』忘羊社（二〇二一）
飛田忠順『甲府のコーチ（一―九）』山梨日日新聞社（一九一一）
東京オリンピック郷土訪問海外県人歓迎委員会編『山梨県海外移住史』少国民社（一九六五）
内田隆三『ベースボールの夢―アメリカ人は何をはじめたのか』岩波書店（二〇〇七）
『早稲田大学野球部百年史　上巻』（一九五〇）
柳下芳史『西洋スポーツ事始め―横浜外国人居留地での誕生から150年の歩み』文芸社（二〇一六）
山梨県立大学・やまなし地域女性史「聞き書き」プロジェクト編『「聞き書き」証言集　伝えたい山梨の女性たち』

（二〇一〇）
山梨時事新聞社編『甲一物語』（一九六五）
山梨県立甲府中学校・同窓会交友会編『創立五十周年記念誌』（一九三〇）
山梨県立甲府第一高等学校同窓会編『写真集　百年のあゆみ』（一九九一）
山梨県立甲府第一高等学校同窓会編『百年誌』（一九九二）
山梨県立甲府第一高等学校同窓会編『同窓会会員名簿２０２０年編』（二〇二〇）
山梨県編『山梨県史』「第七章　明治期の社会と文化」山梨日日新聞社（二〇〇六）
大和球士『野球五十年』時事通信社（一九五五）
大和球士『日本野球史　明治篇』（一九七七）
横田順彌『早慶戦の謎―空白の十九年』ベースボール・マガジン社（一九九一）
（財）野球体育博物館編『野球殿堂２０１２』ベースボール・マガジン社（二〇一二）
朝日新聞・「天声人語」二〇二〇年十二月十九日付
日本経済新聞・二〇一九年七月十九日付
東京新聞・「筆洗」二〇二〇年十二月二十一日付
東京新聞・二〇二一年一月十五日付
『Googleネット辞書百科事典』（三神吾朗、村上雅則、ノックス大学、トラコーマ、北米大陸横断鉄道、岡部平太、大谷武一）
（二〇二一）
www.wwww.waseda.jp/inst/weekly/feature/2015/10/12/427/ ［創立記念特集］「日本初のプロ野球選手は誰か？」
（二〇二一）

〈写真出所一覧〉

写真1　鶴城野球倶楽部編『甲府中学・甲府一高野球部史』十一頁（一九八三）
写真2　山梨県立甲府第一高等学校同窓会編『写真集　百年のあゆみ』三十・三十八頁（一九九一）
写真3　山梨県立甲府第一高等学校同窓会編『写真集　百年のあゆみ』十・二十六頁（一九九一）
写真4　山梨県立甲府中学校・同窓会交友会編『創立五十周年記念誌』三四八頁（一九三〇）
写真5　www.waseda.jp/ ２０１５年創立記念特集（二〇二一）
写真6　www.waseda.jp/ ２０１５年創立記念特集（二〇二一）
写真7　山梨日日新聞・明治四十四年八月二十五日付（一九一一）
写真8　山梨県立甲府第一高等学校同窓会編『写真集　百年のあゆみ』（一九九一）
写真9　著者撮影（二〇二二）
写真10　佐山和夫『ジャップ・ミカドの謎』一三九頁、文藝春秋（一九九六）
写真11　www.waseda.jp/ ２０１５年創立記念特集（二〇二一）
写真12　www.waseda.jp/ ２０１５年創立記念特集（二〇二一）
写真13　佐山和夫『ジャップ・ミカドの謎』四十七頁、文藝春秋（一九九六）
写真14　鶴城野球倶楽部編『甲府中学・甲府一高野球部史』十六頁（一九八三）
写真15　橘京平『直向きに勝つ―近代コーチの祖・岡部平太』七十三頁、忘羊社（二〇二一）

あとがき

本書をお読みくださった皆さんは、大正十四・十五（一九二五・一九二六）年、アメリカのノックスカレッジ在学中、日本人として初めて米国プロ球団「オール・ネイションズ」に所属して活躍した三神吾朗の家族・経歴・野球歴について、知っていただけたと思う。

また本書のなかで、三神吾朗が明治四十四（一九一一）年、早大野球部のメンバーとしてアメリカ遠征したときのことを書いた『米国野球界の印象（一—八）』や、それについての筆者の「解説・論考」からは、早大野球部のアメリカ遠征中の移動や試合の状況、また当時のアメリカの大学野球やプロ・リーグの実態、さらにはアメリカの交通（鉄道）や社会の実状を知っていただけたと思う。

そこで最後に、一つの興味深い話を紹介しておきたい。それは日本野球史上、新史実を思わせるもので、日本経済新聞が二〇一九年七月十九日、「1872年に『プレーボール』日本野球、最古の記録か」「米作家が試合の記事を発見」という大小見出しで報じたものである。

その新聞記事には「日本に野球が伝えられたとされる一八七二（明治五）年に、日本人が米国で野球の試合を行ったことを報じた当時の新聞記事が複数見つかった。（略）見つかった記事によると、日本チームは全米を巡業していた『ロイヤル江戸劇団』という軽業師の一団が、七十二年六月七日、ワシントンで大リーグ前身にあたるナショナル・アソシエーション（NA）所属の地元球団オリンピックスと対戦した。野球は巡業中に習ったとみられる。十九世紀に発行されていたナショナル・リパブリカン紙が掲載した五イニングの試合経過によると、日本チームは17—18と健闘した」と書かれていた。〈NAは一八七一（明治四）年に創設されたプロ野球選手のための組織〉

この記事通り、一八七二（明治五）年、日本チームが試合をしていたということになれば、明治九（一八七六）年、東京開成学校（後の一高・東京大学）で行われたわが国最初の試合よりも四年早いことになり、間違いなく日本最古の試合となる。

ところでこの新聞記事には、当時の試合がどのような方式（ルール）で行われたかという説明がないので、この新聞を読まれた多くの方々は、今と同じような野球が行われたものと思われたかもしれない。

そこで、当時の試合方式であるが、実は今の野球とはほど遠く、「ピッチャーはアンダー・ハンド・スロー（下手投げ）から緩いボールを投げて打たせ、どちらかのチームが何点多く得点したかを競う」ゲームだった。また当時は、グローブはなく素手でプレーしたし、ファール・フライはワンバウンド捕球すればアウト（一八八二年まで）だったし、ボール（四球ではなく）九球で出塁していた。

日本の軽業師チームがわずかな練習で、アメリカチームとほぼ互角に戦えたのは、やりやすくやさしい試合方式だったからであり、五回までに十七対十八（合計三十五点）という大量点が入っていることが、何よりもこのことを裏付けていると言えよう。


以上、あえて日本野球史に関する興味深い一つの話を紹介したが、三神吾朗が明治末から大正初期において、アメリカの大学やプロ球団でプレーしたことは、特筆すべきことなのだが、それよりも四十数年も前に、すでにアメリカで野球の試合をした日本人チームがあったとなれば、これはまた大変な出来事であり驚きでもある。


最後に、本書執筆にあたり、貴重な資料を提供してくださった山梨県立大学名誉教授の池田政子先生をはじめ、山梨県立図書館（調査サービス担当）の高木氏や甲府第一高等学校（同窓会）の大西勉先生に対し、心から感謝申し上げたい。

さらに池田先生には、山梨県の教育史や女性史を研究されている立場から、適切なご指摘・助言をいただいた。ここに重ねて心から感謝申し上げたい。

末筆ながら、本書刊行を快くお引き受けくださり、発刊に至るまで終始、適切なアドバイスをしてくださった体育・スポーツ専門出版社「創文企画」の鴨門裕明代表ならびに鴨門義夫氏に対し、心から感謝申し上げる次第である。

令和四（二〇二二）年十月二十日

著者　岡野　進

著者紹介

岡野　進（おかの　すすむ）

・1947年、広島県生まれ。

・1970年､東京教育大学(現･筑波大学)体育学部卒。都立小山台高校教諭、山梨県立女子短期大学（現・山梨県立大学）講師・助教授、明海大学助教授・教授を経て、現在、明海大学名誉教授（2014年）。この間、日本女子体育大学や中央大学法学部（2018年まで）等の非常勤講師。

・専門はスポーツ科学（トレーニング･コーチング､スポーツ実技･理論)。

・元走幅跳選手。元高校・大学陸上競技部監督・コーチ、元日本陸上競技連盟役員・日本代表跳躍コーチ、元日本体育協会国体委員・上級公認コーチ。

〈主著書〉『走幅跳・三段跳』ベースボール・マガジン社（1989)、『実戦陸上競技　フィールド編』（共編著）大修館書店、（1990）『陸上競技　ジャンプトレーニングマニュアル』ベースボール・マガジン社（1994)、『小学生のための陸上競技指導教本　明るく楽しい陸上競技の基礎』創文企画（1998)、『誰でもできる楽しいなわとび』（共著）大修館書店（2005)、『小学生の陸上競技指導と栄養・スポーツ傷害』創文企画（2006)、『陸上競技のコーチング・指導のための実践的研究』創文企画（2009)、『新版 概説スポーツ』創文企画（2010)、『楽しいキッズの陸上競技　陸上競技指導教本アンダー12』（共著）大修館書店（2010)、『陸上運動・競技の指導を考える基礎的研究』創文企画（2012)､『正岡子規と明治のベースボール』創文企画（2015)､『ベースボール・プレーヤー正岡子規』創文企画（2016)、『日本野球の源流―ベースボールの誕生･伝来から明治野球の発展へ』右文書院（2020)。他『共著』･「論文」･「体育・スポーツ専門雑誌」等の執筆多数。

日本人初の米国プロ野球選手　三神吾朗

2023年3月3日　第１刷発行

著　者　　岡野　進
発行者　　鴨門裕明
発行所　　㈲創文企画
〒101－0061 東京都千代田区神田三崎町3－10－16 田島ビル2F
TEL:03－6261－2855　FAX:03－6261－2856
http://www.soubun-kikaku.co.jp
装　丁　　オセロ
印　刷　　壮光舎印刷㈱

ISBN 978-4-86413-172-8